Christoph Kardinal Schönborn

Wir haben Barmherzigkeit gefunden

Christoph Kardinal Schönborn

Wir haben Barmherzigkeit gefunden

Das Geheimnis des göttlichen Erbarmens

Herausgegeben von
Hubert Philipp Weber

HERDER

FREIBURG · BASEL · WIEN

www.herder.de

Umschlagmotiv:
Ikone der Göttlichen Barmherzigkeit

Satz:
SatzWeise, Föhren

Herstellung:
fgb freiburger graphische betriebe
www.fgb.de

Gedruckt auf umweltfreundlichem,
chlorfrei gebleichtem Papier
Printed in Germany

ISBN 978-3-451-32189-4

Inhalt

Vorwort des Herausgebers

Im ersten Brief an Timotheus heißt es über die Bekehrung des Paulus: »Aber ich habe Erbarmen gefunden, damit Christus Jesus an mir als erstem seine ganze Langmut beweisen konnte« (1 Tim 1,16). Wenn Paulus, wie so oft, die Leser seiner Briefe ermahnt, sie mögen ihn zum Vorbild nehmen, dann meint er genau das: Wie er selbst, so haben wir alle Barmherzigkeit gefunden (vgl. Röm 11,30–31; siehe auch 1 Petr 2,10). Es gehört zum Geheimnis göttlicher Barmherzigkeit, dass sie allen Menschen gilt und für jeden Einzelnen lebensnotwendig ist. Die Botschaft des Christentums ist die Botschaft von der Barmherzigkeit Gottes. Die Welt braucht sie heute dringender denn je, und die Kirche hat die vordringliche Aufgabe, sie zu verkünden.

Zugleich wird die Rede vom Erbarmen Gottes vielfach infrage gestellt. Bedeutet es nicht eine Schwäche, von der Barmherzigkeit abhängig zu sein? Wie verhält sich diese zur Freiheit? Wem wird sich Gott barmherzig zeigen? Sollen wir selbst barmherzig sein? Wie steht es da mit der Gerechtigkeit? Und was ist Barmherzigkeit überhaupt? All diesen ernsten Fragen muss sich eine Glaubensverkündigung stellen.

Auf der anderen Seite gibt es viele Beispiele echt gelebter Barmherzigkeit in der Kirche und außerhalb. Vom 2. bis 6. April 2008 fand in Rom der »Erste Apostolische Weltkongress über die Barmherzigkeit« statt. Vier Tage lang wurden Zeugnisse aus aller Welt ausgetauscht von Menschen, die die Barmherzigkeit Gottes brauchen und weitergeben. Überall in der Kirche, in allen Teilen der Welt ist der Hunger und Durst nach Gottes Barmherzigkeit spürbar. Auf der ganzen Welt entdecken Menschen die Barmherzigkeit Gottes neu. Das vielleicht eindrucksvollste Zeugnis des Kongresses kam von Immaculée Ilibagiza, die als Einzige ihrer großen Familie neunzig Tage lang versteckt in ihrer Toilette, den Genozid in Ruanda überlebt hat. Sie hat nicht nur erlebt, wie ihre ganze Familie umgebracht wurde, sondern ist auch dem Mörder ihrer ganzen Familie begegnet. Sie hat erfahren, wie sie aus der Kraft der Barmherzigkeit Jesu, die sie tief im Herzen getragen hat, diesem Mörder verzeihen konnte. Heute gibt sie vielen Menschen auf der Welt Zeugnis, welche versöhnende und heilende Kraft von der Barmherzigkeit ausgeht.

Kardinal Christoph Schönborn, der an der Vorbereitung und Durchführung des Kongresses als dessen Vorsitzender maßgeblich beteiligt war, nahm das zum Anlass, das ganze Arbeitsjahr über Monat für Monat im Wiener Stephansdom Katechesen über die göttliche Barmherzigkeit zu halten, die in den neun Kapiteln dieses Buches in gekürzter und überarbeiteter Form dokumentiert sind.

Der katechetische Weg beginnt bei Papst Johannes Paul II. In der Mitte seines Wirkens stand, wie er selbst mehrfach sagte, die Botschaft von der göttlichen Barmherzigkeit. Inmitten einer Welt voller Unfrieden, Sünde und Leid wollte er das Erbarmen Gottes allen Menschen zusagen. Er hat dem Sonntag nach Ostern, dem Weißen Sonntag, den Titel »Sonntag der Barmherzigkeit« gegeben. Sein Anliegen ist von den Visionen der heiligen Schwester Faustyna Kowalska geprägt. Sie werden auch in den folgenden Kapiteln immer wieder eine Rolle spielen.

Das zweite Kapitel ist der Botschaft des Alten Testaments gewidmet. Mit der Überschrift »Der zornige und barmherzige Gott« ist auch gleich das Problem angesprochen. Für viele gilt immer noch das Alte Testament als die Drohbotschaft eines Gottes der Vergeltung, während erst das Neue Testament die Botschaft der Liebe gebracht habe. Wer sich aber intensiv mit der Heiligen Schrift auseinandersetzt, wird feststellen, dass das ganze Alte Testament von der »Liebesgeschichte Gottes mit seinem Volk Israel« geprägt ist.

Im dritten Kapitel kommt Jesu Barmherzigkeit in den Blick. Seine Zuwendung zu den Armen und Leidenden lässt das Erbarmen Gottes für alle spürbar werden. Und doch kann es kein Erbarmen ohne die Wahrheit und die Gerechtigkeit geben. Davon ist in den Evangelien oft die Rede.

Jesus hat für unser Heil einen hohen Preis

bezahlt, er hat sein Leben hingegeben. Davon spricht das vierte Kapitel. Es zeigt auch die Gegenbewegung zum Erbarmen, die Herzensverhärtung, die unausweichlich in die Sünde führt.

Das fünfte Kapitel erinnert an den Apostel Paulus. Er war auf dem Weg weg von Gott und ist von Christus ergriffen worden. Seine Berufung auf dem Weg nach Damaskus ist das Schlüsselerlebnis, das ihm die Tür zu einem neuen Leben aufgetan hat. In der Mitte seines Denkens steht das Kreuz Jesu, das die Liebe Gottes zu den Menschen auf einzigartige Weise sichtbar macht.

Das sechste Kapitel ruft das Sakrament der Barmherzigkeit in Erinnerung, die Beichte. Dieses wunderbare Geschenk Gottes ist heute vielen fremd geworden. Das liegt sicher auch daran, wie das Sakrament praktiziert wurde. Nicht immer stand der Zuspruch der Barmherzigkeit dabei im Mittelpunkt. Ihn gilt es wieder zu entdecken, wobei die Schriften von Schwester Faustyna eine Hilfe sein können.

Die katechetische Tradition kennt die »Werke der Barmherzigkeit«, denen das siebte Kapitel gewidmet ist. Den Willen Jesu erfüllen alle die, die nach seinem Vorbild handeln. Sich den anderen zuzuwenden und das Leben für die Menschen einzusetzen, ist etwas Urmenschliches. Zugleich ist das Christentum durch seine ganze Geschichte immer wieder ein »Motor« der Barmherzigkeit in der Welt geworden.

Das achte Kapitel erinnert an Maria, Jesu Mutter. Auf der ganzen Welt erfahren Christen sie als Mutter der Barmherzigkeit. Sie lädt uns ein, ihrem Vorbild zu folgen, uns so wie sie von Gottes Erbarmen ergreifen zu lassen und selber für alle Menschen Gottes Barmherzigkeit sichtbar zu machen.

Zum Abschluss kommt im neunten Kapitel eine der schwersten Fragen des Glaubens zur Sprache: Wird es am Ende Barmherzigkeit für alle Menschen geben? Ohne Zweifel will Gott das Heil für alle Menschen. Aber kann das sein ohne Gerechtigkeit? Und wie steht es mit dem Leid in der Welt? Gottes Erbarmen für die Welt nimmt die menschliche Freiheit ernst. Und doch ist es immer noch größer als jeder kleinliche menschliche Selbstzweck und steht dem Menschen als Angebot offen.

Immer wieder findet sich eine große Zahl von Zeugen der Barmherzigkeit, von oft einfachen Menschen, die ganz natürlich Barmherzigkeit erfahren lassen. Darunter finden sich besonders viele heilige Frauen, die immer wieder zu Wort kommen, neben der heiligen Schwester Faustyna etwa die heilige Schwester Theresia Benedicta a Cruce (Edith Stein) oder Katharina von Siena. Sie sind wertvolle Begleiter auf diesem katechetischen Weg.

Der Herausgeber

I. Johannes Paul II. Papst der Barmherzigkeit

Zwei Worte Jesu sollen am Beginn stehen. Er sagt zu den Jüngern: »Seid barmherzig, wie es auch euer Vater ist!« (Lk 6,36). Unter den Seligpreisungen findet sich: »Selig die Barmherzigen; denn sie werden Erbarmen finden« (Mt 5,7). Aber was heißt »Barmherzigkeit«, »Erbarmen«? Was meint Jesus, wenn er sagt, wir sollen so barmherzig sein, wie es Gott Vater ist?

Barmherzigkeit heute

Jeden Tag stellt sich die Frage in den verschiedensten Zusammenhängen immer wieder neu: Was ist wirklich Barmherzigkeit? Wo ist die Grenze zwischen Barmherzigkeit und Leichtfertigkeit oder Unrecht? Ist nicht manchmal Strenge barmherziger als eine Haltung, die alles laufen lässt (»everything goes«)? Es ist nicht barmherzig, wenn Eltern ihren Kindern alles erlauben, sondern es ist notwendig, aus Liebe Grenzen zu ziehen.

Barmherzigkeit kann nicht ohne Gerechtigkeit sein, deshalb gehört dazu eine gewisse Strenge. Die Liebe erträgt alles, aber sie fordert auch viel. In der Gesellschaft, beim Gemeinwohl muss die Grenze zum Missbrauch beachtet werden. Und wenn man zu barmherzig auf der einen Seite ist, kann dann nicht ein Unrecht anderen gegenüber geschehen? In ganz Europa wird über das Asyl debattiert. Dabei spielt unsere Frage eine wichtige Rolle. Wo echte Bedrohung herrscht, muss Asyl gewährt werden, das ist ein Menschenrecht. Niemand darf in eine bekannte Todesgefahr hinein abgeschoben werden. Aber wie ist das mit den Einzelfällen? Manchmal gibt es Missbrauch. Aber es braucht auch humanitäre Lösungen, die vom Gesetz nicht voll abgedeckt werden können. Es muss immer einen gewissen Raum für die Barmherzigkeit geben. Die alten Römer sagten: *summum ius, summa iniuria.* Das Recht, ganz und gar rigoros durchgezogen, wird zum Unrecht.

Gibt es Barmherzigkeit in der Arbeitswelt? Wer ein Geschäft zu führen hat, kann sich nicht nur auf die Seite der Barmherzigkeit stellen, sonst muss er bald das Geschäft schließen, und die harte Konkurrenz schaltet ihn aus. Das Gesetz dieser Welt scheint oft das Überleben des Stärkeren zu begünstigen. Wie steht es da mit dem Barmherzigen?

Was heißt Barmherzigkeit in unseren Beziehungen? Muss man sich nicht auch in einer Partnerschaft, in Freundschaften behaupten? Für Friedrich Nietzsche († 1900) ist Barmherzigkeit Schwäche: Das Christentum ist seiner Meinung nach die »Religion der Schwachen«, lebensfeindlich und kraftlos (Antichrist § 5). Einen Gott des Erbarmens hält er für buchstäblich »erbärmlich«, Mitleid ist eine Sache von »Untermenschen«.

Rüstet die Tugend des Erbarmens Menschen für den Lebens- und Überlebenskampf genügend aus? Heute geht die Psychologie vielfach in eine andere Richtung: Behaupte dich! Setz dich durch! Denk auch an dich! Verwirkliche dich selbst! – Das darf nicht vorschnell als »typisch säkularisierter Geist« oder »antichristliche Tendenz unserer Zeit« abgetan werden. Wir müssen sehr genau auf das schauen, was Jesus als Weg der Barmherzigkeit gewiesen hat, und auf das, was von Kritikern vielleicht zu Recht an Fehlhaltungen der Barmherzigkeit kritisiert wird. Ist Barmherzigkeit nicht immer auch ein wenig in Gefahr zu demütigen, andere herablassend zu behandeln? Meint die Barmherzigkeit, von der Jesus spricht, so etwas wie: »Ich bin oben, und du bist unten«? Dann könnte der heute vielfach zu beobachtende »Ego-Trend« – das eigene Ich in die Mitte zu stellen – auch in gewisser Weise eine Anfrage an eine vielleicht falsch, einseitig verstandene Barmherzigkeit sein. Ja, ein barmherzig scheinendes Verhalten kann auch ein Deckmantel für höchst egoistische Verhaltensweisen, für Fehlformen sein, etwa wenn man versucht, durch »übermäßige Barmherzigkeit« jemanden in Abhängigkeit zu halten. Eine ungeordnete »Bemutterung«, eine gewisse Betulichkeit will den anderen in Unselbstständigkeit festhalten. Es ist wichtig und tut durchaus gut, uns kritisch fragen zu lassen, ob wir nicht auch solche Fehlformen mit dem Wort Barmherzigkeit zudecken.

Oft wird die Frage gestellt: Ist die Kirche barmherzig? In gewisser Weise kann man mit Bischof Egon Kapellari (Graz-Seckau) sagen: Sie ist eine »Großmacht der Barmherzigkeit«. Davon zeugen weltweit unzählige Werke der Nächstenliebe, die durch die Kirche geschehen. Und doch sind oft Vorwürfe zu hören, die Kirche sei unbarmherzig, etwa in der schwierigen Frage der wiederverheirateten Geschiedenen. Dann müssen wir die Frage stellen: Wie sieht das aus, wenn wir Jesus die Frage vorlegen? Oft dreht er unsere Fragen um, etwa bei der Frage der Ehescheidung, und lässt sie so in einem anderen Licht erscheinen. Als er gefragt wird, warum Mose erlaubt hat, einen Scheidungsbrief auszustellen, antwortet er: »Wegen eurer Herzenshärte«, das heißt wegen eurer Unbarmherzigkeit, hat Gott durch Mose die Scheidung erlaubt (vgl. Mt 19,7–8). Ist die Kirche also tatsächlich unbarmherzig? Stellen wir die Frage zuerst an uns selber: Sind wir barmherzig? Wenn wir genauer hinsehen, werden wir mit vorschnellen Urteilen vorsichtiger sein. Wo ist zum Beispiel die Barmherzigkeit den Kindern gegenüber, wenn die Eltern ihr Eheband zerreißen und damit das gemeinsame Band, das die Kinder mit den Eltern verbindet?

Was heißt wirklich barmherzig sein? Wie hat Jesus seine Lehre vom barmherzigen Vater verstanden? Wie hat er sie gelebt? Wie können wir heute konkret das leben, was Jesus gesagt und vorgelebt hat? Diesen Fragen möchte ich nachgehen.

Der Papst und die Göttliche Barmherzigkeit

Papst Johannes Paul II. eröffnet uns einen Blick auf das große Geheimnis der Göttlichen Barmherzigkeit. Am 2. April 2005 war sein *»dies natalis«*, sein Geburtstag zum ewigen Leben. Schon lange hatte sich die Krankheit des Papstes hingezogen. Er konnte die Ostertage nicht mehr selber feiern. Am Ostersonntag 2005 erschien er an seinem Fenster und wollte einen Ostergruß sagen, aber es war nur mehr eine stumme Geste des Segens und dieses unvergesslich schmerzliche Gesicht des Papstes, der nur mehr still leiden und den Segen geben konnte.

Ich verbrachte die anschließende Osterwoche im Heiligen Land, und am Freitag der Osteroktav hatte ich das seltene Privileg, in Jerusalem im Abendmahlsaal die Heilige Messe zu feiern. Wir waren acht Kardinäle, etwa dreißig Bischöfe, Priester und Laien. Der Abendmahlsaal war dicht gefüllt. Zu Beginn der Messe kam die Nachricht aus Rom, der Heilige Vater liege im Sterben, jeden Moment sei mit seinem Ableben zu rechnen. In diesem Moment im Abendmahlsaal, wo Jesus das Testament seiner Liebe, die Eucharistie, eingesetzt hat, beteten wir bei dieser Eucharistie intensiv für den Heiligen Vater. Am Ende der Feier kam eine gewisse Entwarnung, es gehe ihm wieder etwas besser, und mein erster Gedanke war dabei: Möge er noch bis zum Sonntag durchhalten. Der Weiße Sonntag, der Sonntag der Barmherzigkeit, wäre das angemessene Sterbedatum für Papst Johannes Paul II. Am Samstag fiel er in Agonie. Um 20 Uhr feierte sein Sekretär, der heutige Kardinal Stanisław Dziwisz, die Heilige Messe vom Sonntag der Barmherzigkeit. Der Heilige Vater empfing noch einige Tropfen vom kostbaren Blut und so zum letzten Mal die Kommunion. Um 21:37 Uhr kehrte er zum barmherzigen Vater heim.

Am Weißen Sonntag des Heiligen Jahres 2000 hatte Papst Johannes Paul II. erklärt, fortan soll dieser Sonntag nach Ostern »Sonntag der Barmherzigkeit« heißen. Gleichzeitig sprach er an diesem Tag Schwester Faustyna Kowalska († 1938), die einfache Schwester aus Krakau, heilig. Sie war die erste Heilige des neuen Jahrtausends. Der irdische Weg des Papstes endete am Sonntag der Barmherzigkeit. Es ist schwer, in diesem Zusammentreffen nicht ein »Zeichen des Himmels« zu sehen, gewissermaßen die Unterschrift Gottes unter ein Lebensprogramm.

1997 brachte er es in Łagiewniki, in dem Ort, wo Schwester Faustyna gelebt hat und begraben ist, auf den Punkt: »Die Botschaft von der Göttlichen Barmherzigkeit hat in gewisser Weise das Bild meines Pontifikats geprägt« (7. Juni 1997). Bei seinem letzten Besuch in Polen, dem Abschied von seiner Heimat im Jahr 2002, weihte er die neue Basilika von Łagiewniki, das Heiligtum der Göttlichen Barmherzigkeit. Ich zitiere einige Worte aus seiner Predigt. Sie ist für mich ein Auftrag an seine polnische Heimat, aber auch an die ganze Weltkirche, ja eine innige Bitte des Papstes und letztlich eine Bitte Jesu an unsere Zeit. Damals sagte der Papst in Łagiewniki:

»Wie dringend braucht die heutige Welt das Erbarmen Gottes. Aus der Tiefe des menschlichen Leids erhebt sich auf allen Erdteilen der Ruf nach Erbarmen. Wo Hass und Rachsucht vorherrschen, wo Krieg das Leid und den Tod unschuldiger Menschen verursacht, überall dort ist die Gnade des Erbarmens notwendig, um den Geist und das Herz der Menschen zu versöhnen und Frieden herbeizuführen. Wo das Leben und die Würde des Menschen nicht geachtet werden, ist die erbarmende Liebe Gottes nötig, in deren Licht der unfassbare Wert jedes Menschen zum Ausdruck kommt. Wir bedürfen der Barmherzigkeit, damit jede Ungerechtigkeit in der Welt im Glanz der Wahrheit ein Ende findet.«

Darauf folgen die feierlichen Worte, die so etwas wie das Testament dieses großen Papstes darstellen:

»In diesem Heiligtum möchte ich daher heute die Welt feierlich der *Barmherzigkeit Gottes weihen* mit dem innigen Wunsch, dass die Botschaft von der erbarmenden Liebe Gottes, die hier durch Schwester Faustyna verkündet wurde, *alle Menschen* der Erde erreichen und ihre Herzen mit Hoffnung erfüllen möge. Jene Botschaft möge, von diesem Ort ausgehend, überall in unserer geliebten Heimat und in der Welt Verbreitung finden. Möge sich die Verheißung des Herrn Jesus Christus erfüllen: ›Von hier wird ein Funke hervorgehen, der die Welt auf Mein endgültiges Kommen vorbereitet‹. Diesen Funken der Gnade Gottes müssen wir entfachen und dieses Feuer des Erbarmens an die Welt weitergeben. *Im Erbarmen Gottes wird die Welt Frieden und der Mensch Glückseligkeit finden!* Euch, liebe Brüder und Schwestern, vertraue ich diese Aufgabe an. *Seid Zeugen der Barmherzigkeit!*«

Diese Worte des großen Papstes, bei seiner letzten Reise nach Polen am 17. August 2002 gesprochen, sind eine Art Weisung an die ganze Kirche für diese Zeit. Am Ende der Eucharistiefeier sagte der Heilige Vater spontan einige Worte der persönlichen Erinnerung, an denen man sieht, wie tief das Thema der Göttlichen Barmherzigkeit in seinem Leben verankert, ja gewissermaßen die Klammer war, die sein ganzes Leben zusammenhielt. Schon ganz am Anfang seines schweren Weges zum Priestertum steht die Begegnung mit der Botschaft der Göttlichen Barmherzigkeit, und sie war das Siegel seiner Todesstunde. Er sagte:

»Zum Abschluss dieses feierlichen Gottesdienstes möchte ich anmerken, dass viele meiner persönlichen Erinnerungen mit diesem Ort in Verbindung stehen, mit Łagiewniki, dem Vorort von Krakau. Ich kam vor allem während der Besatzung durch die Nationalsozialisten hierher, als ich in der nahegelegenen Solvay-Fabrik arbeitete. Noch heute erinnere ich mich an den Weg von Borek Fałęcki nach Dębniki, den ich jeden

Tag mit Holzschuhen an den Füßen zurücklegen musste, wenn ich zur Schichtarbeit ging. Wer hätte geglaubt, dass dieser Mann mit den Holzschuhen eines Tages die Basilika von der Göttlichen Barmherzigkeit in Łagiewniki bei Krakau weihen wird.«

1942 war Karol Wojtyła in das »Geheimseminar« eingetreten, das Kardinal Adam Stefan Sapieha († 1951), der mutige Erzbischof von Krakau, gegründet hatte. Ein Mitseminarist, Andreas Deskur, später Kurienkardinal, machte ihn aufmerksam auf die Botschaft der Göttlichen Barmherzigkeit von einer gewissen Schwester Faustyna Kowalska, die 1905 (im Geburtsjahr von Kardinal Franz König) geboren und 1938 im Alter von 33 Jahren gestorben war. Er wusste damals schon von dieser einfachen Schwester, an deren Kloster er auf dem Weg zur Zwangsarbeit in der Chemiefabrik tagtäglich vorbeiging, und hörte von den Botschaften, die sie von Jesus bekommen hatte und in eindrucksvoller Weise in ihrem Tagebuch festhielt. Als Weihbischof von Krakau, dann als Erzbischof und Kardinal bemühte Karol Wojtyła sich sehr um ihre Seligsprechung. Er musste einige Widerstände überwinden, denn das Heilige Offizium, wie die Glaubenskongregation damals hieß, hatte heftige Bedenken gegen ihre Schriften. Wie sich dann herausstellte, waren daran vor allem fehlerhafte, missverständliche Übersetzungen schuld. Als Papst konnte Johannes Paul II. sie dann schließlich 1993 selig- und im Jahr 2000 heiligsprechen.

Papst Johannes Paul II. sah in den Botschaften von Schwester Faustyna, die im Grunde nichts anderes sagen als das Evangelium, eine Antwort auf die unbeschreiblichen Ausmaße des Bösen im 20. Jahrhundert, deren Zeuge er selber in seinem Leben wurde, die Gräuel des Nationalsozialismus, die unvorstellbaren Leiden des polnischen Volkes unter der Nazibesetzung und im nachfolgendem Kommunismus. Im Rückblick auf die Jahre des Leidens sagte er am 7. Juni 1997:

»Die Botschaft von der Göttlichen Barmherzigkeit ist mir immer nahe und lieb gewesen. Es ist, als hätte die Geschichte sie in die tragische Erfahrung des Zweiten Weltkrieges eingeschrieben. In diesen schweren Jahren war sie eine besondere Hilfe und eine unerschöpfliche Quelle der Hoffnung, nicht nur für das Volk von Krakau, sondern für die ganze polnische Nation.«

Gott, der barmherzige Vater

Wollte Papst Johannes Paul II. damit eine bestimmte Frömmigkeitsform besonders fördern? In Krakau-Łagiewniki befindet sich das Bild des barmherzigen Jesus mit den Strahlen, die von ihm ausgehen. Bekannt sind der Rosenkranz der Barmherzigkeit oder die Stunde der Barmherzigkeit. Er hat diese Frömmigkeitsformen sicher geschätzt, aber selten thematisiert. Es geht ihm um etwas Umfassenderes. In den Botschaften von Schwester Faustyna sieht er in einfacher Sprache die große Herausforderung unserer Tage thematisiert. Es handelt sich um Privatoffenbarungen, auch wenn sie von der Kirche anerkannt sind, die nach der Lehre der Kirche für uns nicht verpflichtend sind: Niemand muss die Botschaften von Schwester Faustyna annehmen. Aber Papst Johannes Paul II. hat im Licht dieser Botschaften, die diese einfache Ordensfrau empfangen hat, ein Leben lang über das große Geheimnis der Göttlichen Barmherzigkeit nachgedacht und versucht, es in sein Bischofs- und Papstamt einfließen zu lassen. Es waren vor allem zwei Themen, die ihn dabei bewegt haben: das Geheimnis des barmherzigen Vaters und die Frage, was die Flut des Bösen in unserer Zeit eindämmen kann.

Immer wieder versucht er, auf diese beiden Fragen Antwort zu geben, ausdrücklich in seiner zweiten Enzyklika *Dives in misericordia* (»Gott, der reich ist an Erbarmen«, 30. November 1980). Diese Enzyklika steht im Zusammenhang mit der ersten über Christus, *Redemptor hominis* (»Der Erlöser des Menschen«, 4. März 1979), und der dritten über den Heiligen Geist, *Dominum et vivificantem* (»Der Herr und Lebensspender«, 18. Mai 1986). Die zweite handelt von Gott, dem Vater, und vom göttlichen Erbarmen. Johannes Paul II. hat früh seine Mutter verloren, bald starb auch sein Bruder, und er blieb mit seinem Vater alleine. Dieses große Vorbild einer gelebten Vaterschaft hat seinen Glauben und seine Haltung zutiefst geprägt. So ist er im

Laufe seines Lebens immer mehr selber zu einem unvergleichlichen Bild der Vaterschaft geworden.

Unvergesslich bleibt, wie in den Tagen vor seinem Begräbnis Hunderttausende, man schätzt vier Millionen Menschen, an seinem Katafalk vorbeizogen. Ich habe immer wieder junge Menschen in Rom gefragt: »Was bewegt euch, warum kommt ihr her, warum steht ihr 15, 18 Stunden an, um dann kurz an dem aufgebahrten Papst vorbeigehen zu können?« Fast unisono war die Antwort: »Wir haben einen Vater verloren. Er hat uns so viel gegeben.«

Wenn man die Enzyklika studiert, mit Papst Johannes Paul II. über Gott, den barmherzigen Vater, nachdenkt und fragt: Wo finden wir das Bild des Vaters?, sagt er uns: in Jesus Christus. So steht es auch im Evangelium. Als Philippus Jesus einmal fragt: »Zeige uns den Vater«, antwortet Jesus ihm: »Schon so lange bin ich bei euch, und du hast mich nicht erkannt, Philippus? Wer mich gesehen hat, hat den Vater gesehen« (Joh 14,9).

Jesus ist gewissermaßen das inkarnierte Erbarmen des Vaters. Das ist am schönsten ausgedrückt im Gleichnis vom verlorenen Sohn und vom barmherzigen Vater, in dem Jesus das Bild des Vaters zeigt. Papst Johannes Paul II. meditiert in dieser Enzyklika über die Frage Friedrich Nietzsches: Ist das Erbarmen demütigend? Ist es eine Haltung der Herablassung, die damit den anderen letztlich erniedrigt? An diesem Gleichnis zeigt der Papst, dass es genau das nicht ist. Der Vater sieht den Sohn nicht als den Gescheiterten, Würdelosen, Heruntergekommenen, als den verlorenen Sohn. Vielmehr sagt er zum älteren Bruder: »Dein Bruder ist wiedergefunden« (Lk 15,32). Seine Würde als Sohn wurde durch seinen Fall nicht angetastet. Die Liebe des Vaters, sein Erbarmen, demütigt ihn nicht, sondern hebt ihn hoch.

Der Papst sagt, die Beziehung des Erbarmens beruht auf der gemeinsamen Erfahrung jenes Gutes, das der Mensch ist, auf der gemeinsamen Erfahrung der ihm eigenen Würde. Barmherzigkeit bedeutet, den anderen nicht entwürdigen, sondern ihn in seiner Würde sehen und damit aufrichten. Gerade das ermöglicht dem verlorenen Sohn, sich und seine Taten in der vollen Wahrheit zu sehen. Nur im Licht dieses völligen Angenommenseins wird es möglich, die eigene Not, das Versagen, die Last der verlorenen Gaben so anzusehen, dass man davon nicht erdrückt wird. So kann man das Versagen anerkennen und muss es nicht verdrängen. Der Vater macht jenes Vertrauen möglich, mit dem man die eigene Wahrheit auch über das Versagen annehmen und neu anfangen kann.

Das Böse in unserer Zeit

Ein zweites Thema spricht der Papst immer wieder an. Es ist ein Thema, das auch Papst Benedikt XVI.

wieder aufgegriffen hat, weil es ihn selber offensichtlich bewegt hat. Es ist die bestürzende Frage: Was kann die Flut des Bösen eindämmen? Papst Johannes Paul II. hat vor allem in seinem letzten Buch, das kurz vor seinem Tod erschien, »Erinnerung und Identität«, im Rückblick auf die Schrecken des 20. Jahrhunderts darüber ausführlich meditiert.

Es heißt dort: »Schwester Faustyna wurde zur Verkünderin der Wahrheit vom barmherzigen Christus und rief ins Bewusstsein, dass einzig und allein die Wahrheit, dass Gott Barmherzigkeit ist, das Übel der Ideologien aufzuwiegen vermag. Allein das Erbarmen Gottes setzt dem Bösen eine Grenze.« Papst Johannes Paul II. denkt im Rückblick auf die schrecklichen Jahre des Nationalsozialismus, in denen Polen so viel gelitten hat, darüber nach. Nicht die militärische Macht hat das Böse letztlich besiegt, sondern allein die Barmherzigkeit. Darin sieht er das große Zeichen der Hoffnung, dass die tragischen Erfahrungen des 20. Jahrhunderts durch die Barmherzigkeit Gottes eine Grenze haben. Die scheinbare Ohnmacht Gottes gegenüber der Flut des Bösen ist in Wirklichkeit immer die Macht des Guten.

In einem der schönen Gebete bittet Schwester Faustyna darum, dass die Barmherzigkeit Jesu, diese tiefste Haltung, die er gewissermaßen aus dem Herzen Gottes auf die Welt gebracht hat, uns durch und durch prägen, ja gewissermaßen unsere Seinsform, unsere Lebensform werden möge:

»Ich möchte mich ganz in Deine Barmherzigkeit umwandeln, um so ein lebendiges Abbild von Dir zu sein, o Herr, möge diese größte Eigenschaft Gottes, seine unergründliche Barmherzigkeit, durch mein Herz und meine Seele hindurch zu meinen Nächsten gelangen.

Hilf mir, o Herr, dass meine Augen barmherzig schauen, dass ich niemals nach äußerem Anschein verdächtige und richte, sondern wahrnehme, was schön ist in den Seelen meiner Nächsten und ihnen zu Hilfe komme.

Hilf mir, dass mein Gehör barmherzig wird, damit ich mich den Bedürfnissen meiner Nächsten zuneige, dass meine Ohren nicht gleichgültig bleiben für Leid und Klagen der Nächsten.

Hilf mir, Herr, dass meine Zunge barmherzig wird, dass ich niemals über meinen Nächsten abfällig rede, sondern für jeden ein Wort des Trostes und der Vergebung habe.

Hilf mir, Herr, dass meine Hände barmherzig und voll guter Taten sind, damit ich meinem Nächsten nur Gutes tue und schwierigere, mühevollere Arbeit auf mich nehme.

Hilf mir, Herr, dass meine Füße barmherzig sind, dass sie meinen Nächsten immer zu Hilfe eilen und die eigene Mattheit und Ermüdung beherrschen. Meine wahre Rast ist im Dienst am Nächsten.

Hilf mir, Herr, dass mein Herz barmherzig ist, auf dass ich alle Leiden der Nächsten empfinde, dass ich niemandem mein Herz versage, aufrichtigen Umgang auch mit denen pflege, von denen ich weiß, dass sie meine Güte missbrauchen werden; ich selbst werde mich im barmherzigsten Herzen Jesu verschließen. Über eigene Leiden will ich schweigen. Deine Barmherzigkeit, o mein Herr, soll in mir ausruhen (…)

O mein Jesus, verwandle mich in Dich, denn Du vermagst alles.

Amen.«[1]

II. Der zornige und barmherzige Gott

Noch heute kann man immer wieder hören: Der Gott des Alten Testaments sei ein zorniger, der des Neuen Testaments ein gütiger Gott. Jesus hat aber keinen anderen Gott verkündet als den, der durch Mose und die Propheten gesprochen hat, keinen anderen als den »Gott Abrahams, Isaaks und Jakobs« (Lk 20,37), den Gott des Alten Testaments. Dass Jesus einen barmherzigen Gott verkündet hat, scheint klar. Aber ist Gott so, wie er im Alten Testament erscheint, nicht doch ganz anders, als Jesus ihn uns zeigt?

Die schwierige Botschaft des Alten Testaments

Ich habe von einer chinesischen Konvertitin gehört, die die Taufe empfangen hat, eifrig die Bibel liest und sich daran stößt, dass Gott im Alten Testament offensichtlich Dinge befiehlt, die vom Neuen Testament her völlig unannehmbar sind. So stellt sich die Frage, ob das, was da im Alten Testament steht, wirklich von Gott stammen kann. Kann Gott befohlen haben, die ganze Bevölkerung von Jericho umzubringen, nachdem die Israeliten die Stadt erobert hatten (vgl. Jos 6,21)? Kann es Gottes Wille sein, dass alle Bewohner von Ai, ohne Ausnahme, »mit der Schärfe des Schwertes« geschlagen werden (vgl. Jos 8, 24)? König Saul wird aufs Strengste dafür bestraft, dass er den ausdrücklichen Befehl Gottes durch seinen Propheten Samuel nicht genau befolgt hat, nämlich das Volk Amalek »nicht zu schonen, sondern Mann und Frau, Kind und Säugling, Rind und Schaf, Kamel und Esel zu töten« (1 Sam 15, 3). Weil Saul für sich und seine Leute die wertvollen Tiere aufbewahrte, statt an ihnen den Bann zu vollstrecken, wird er von Gott verworfen. Genauer gesagt: sein Ungehorsam missfällt Gott (vgl. 1 Sam 15, 22–23). Kann Gott solche Befehle geben? Der Vorwurf, dieser Gott sei blutrünstig und grausam, weit entfernt von dem, was Jesus über ihn lehrt und vorlebt, ist verständlich.

Gott gibt den Befehl, die Völker zu vertreiben, die im verheißenen Land leben, am besten gleich, schnell, radikal: »Heute wirst du erkennen, dass der Herr, dein Gott, wie ein verzehrendes Feuer selbst vor dir hinüberzieht [ins gelobte Land]. Er wird sie [die Völker im Land] vernichten und er wird sie dir unterwerfen, sodass du sie unverzüglich vertreiben und austilgen kannst, wie es der Herr dir zugesagt hat« (Dtn 9, 3). Wenn es nicht sofort geht, sie zu vertreiben und zu vernichten, dann soll es wenigstens allmählich, aber gründlich geschehen: »Der Herr, dein Gott, wird diese Völker dir nur nach und nach aus dem Weg räumen. Du kannst sie nicht rasch ausmerzen, weil sonst die wilden Tiere überhand nehmen und dir schaden. Doch wird der Herr, dein Gott, dir diese Völker ausliefern. Er wird sie in ausweglose Verwirrung stürzen, bis sie vernichtet sind« (Dtn 7, 22–23).

Wenn wir das heute so lesen, ohne Erklärung, dann klingt das wie eine »Road map« zur Radikallösung: die anderen Völker dürfen nur vorläufig noch bleiben, um – ehe sie vertrieben und vernichtet werden – das Land zu bebauen, damit es als gutes, gepflegtes Land dem erwählten Volk anheimfällt. Ich verstehe die neu getaufte Chinesin, die sich schwertut, in diesen Texten die Stimme des Gottes Jesu Christi zu vernehmen. Tun wir uns leichter? Kennen wir das Alte Testament? Ist es nicht für viele von uns ein verschlossenes, unbekanntes Buch? Seit der Liturgiereform haben die Lesungen aus dem Alten Testament einen eigenen Platz im Gottesdienst bekommen. Meist sind die kurzen Abschnitte schwer verständlich. Deshalb werden sie in den Pfarrgottesdiensten oft – leider und unerlaubterweise – einfach ausgelassen.

Die Liebesgeschichte Gottes mit den Menschen

Das Alte Testament erschließt sich nur, wenn wir es besser kennenlernen, es viel mehr selber lesen. Ein Kartäuser-Mönch, ein einfacher Laienbruder, hat mir einmal gesagt: »Das Alte Testament ist die Liebesgeschichte Gottes mit den Menschen.« Es ist die stürmische Geschichte einer leidenschaftlichen Liebe, die ihre Zeiten, ihre Etappen, ihr Wachstum kennt. Manches, was uns fremd scheint, hat mit der uns fremden orientalischen Kultur der vorchristlichen Jahrhunderte zu tun. Es muss aus der damaligen Zeit heraus verstanden werden. Seinen vollen Sinn bekommt es durch den, der gesagt hat, er sei nicht gekommen, das Gesetz und die Propheten (des Alten Bundes) aufzuheben, sondern sie zu erfüllen (vgl. Mt 5,17).

Jesus Christus ist die Erfüllung des Alten Testaments, und vieles, das noch offen, vielleicht sogar zwiespältig geblieben war, bekommt durch ihn Sinn und Erfüllung. Was Barmherzigkeit Gottes im Alten Testament bedeutet, das macht letztlich Jesus sichtbar, der die Barmherzigkeit Gottes in Person ist. Es gibt einen Text beim Propheten Ezechiel (Kap. 16), in dem die Geschichte Gottes mit seinem Volk als Liebesgeschichte dargestellt wird:

»Sag: So spricht Gott, der Herr, zu Jerusalem: Deiner Herkunft und deiner Geburt nach stammst du aus dem Land der Kanaaniter. Dein Vater war ein Amoriter, deine Mutter eine Hetiterin. Bei deiner Geburt, als du geboren wurdest, hat man deine Nabelschnur nicht abgeschnitten. Man hat dich nicht mit Wasser abgewaschen, nicht mit Salz eingerieben, nicht in Windeln gewickelt. Nichts von all dem hat man getan, kein Auge zeigte dir Mitleid, niemand übte Schonung an dir, sondern am Tag deiner Geburt hat man dich auf freiem Feld ausgesetzt, weil man dich verabscheute. Da kam ich an dir vorüber und sah dich in deinem Blut zappeln: und ich sagte zu dir, als du blutverschmiert dalagst: Bleib am Leben!

Wie eine Blume auf der Wiese ließ ich dich wachsen. Und du bist herangewachsen, bist groß geworden und herrlich aufgeblüht. Deine Brüste wurden fest; dein Haar wurde dicht. Doch du warst nackt und bloß. Da kam ich an dir vorüber und sah dich, und siehe, deine Zeit war gekommen, die Zeit der Liebe. Ich breitete meinen Mantel über dich und bedeckte deine Nacktheit. Ich leistete dir den Eid und ging mit dir einen Bund ein und du wurdest mein. Dann habe ich dich gebadet, dein Blut von dir abgewaschen und dich mit Öl gesalbt. Ich kleidete dich in bunte Gewänder, zog dir Schuhe aus Tahasch-Leder an und hüllte dich in Leinen und kostbare Gewänder. Ich legte dir prächtigen Schmuck an, legte dir Spangen an die Arme und eine Kette um den Hals. Deine Nase schmückte ich mit einem Reif, Ohrringe hängte ich dir an die Ohren und setzte dir eine herrliche Krone auf. Mit Gold und Silber konntest du dich schmücken, in Byssus, Seide und bunte Gewebe dich kleiden. Feinmehl, Honig und Öl war deine Nahrung. So wurdest du strahlend schön und wurdest sogar Königin. Der Ruf deiner Schönheit drang zu allen Völkern: denn mein Schmuck, den ich dir anlegte, hatte deine Schönheit vollkommen gemacht – Spruch Gottes, des Herrn …

Doch dann hast du dich auf deine Schönheit verlassen, du hast deinen Ruhm missbraucht und dich zur Dirne gemacht … Deinen prächtigen Schmuck aus meinem Gold und Silber, den ich dir geschenkt hatte, hast du genommen und hast dir daraus männliche Figuren gemacht, um mit ihnen Unzucht zu treiben … Da streckte ich meine Hand aus und nahm dir weg, was dir zustand. Ich lieferte dich deinen rachgierigen Feindinnen aus, den Philisterinnen; sogar sie schämten sich wegen deines schändlichen Treibens … Wenn ich meinen Zorn an dir gestillt habe, wird meine

Eifersucht aufhören, gegen dich zu wüten. Ich werde Ruhe haben und mich nicht mehr ärgern. Weil du die Tage deiner Jugend vergessen und mich durch dein Treiben gereizt hast, darum lasse ich dein Verhalten auf dich selbst zurückfallen …

Aber ich werde ihr Schicksal wenden, das Schicksal Sodoms und ihrer Töchter, das Schicksal Samarias und ihrer Töchter, und ich werde auch dein Schicksal wenden zusammen mit ihrem Schicksal …

Denn so spricht Gott, der Herr: … Ich will meines Bundes gedenken, den ich mit dir in deiner Jugend geschlossen habe, und will einen ewigen Bund mit dir eingehen. Du sollst dich an dein Verhalten erinnern und dich schämen … Ich selbst gehe einen Bund mit dir ein, damit du erkennst, dass ich der Herr bin.«

Ezechiel 16,3–14.15.17.27.42–43.53.59–62

Gott ist gegenüber seinem Volk nicht gleichgültig. Seine Liebe ist leidenschaftlich. Wenn von seinem Zorn die Rede ist, dann ist das nur die Kehrseite seiner leidenschaftlichen Liebe, der Ausdruck seiner Sorge. Nicht Er braucht sein Volk, sondern sein Volk braucht Ihn. Wenn es sich von Ihm abwendet, bringt das Unglück und Not: »Mich hat [das Volk] verlassen, den Quell des lebendigen Wassers, um sich Zisternen zu graben, Zisternen mit Rissen, die das Wasser nicht halten« (Jer 2,13). Die Liebe Gottes zu seinem Volk ist unerschütterlich treu. Sie ist aber auch wahrhaftig. Es ist wohl einmalig in der Religionsgeschichte, dass die Heiligen Schriften einer Religionsgemeinschaft dermaßen kritisch mit der eigenen Gemeinschaft umgehen. Was steht nicht alles an Anklage gegen das auserwählte Volk in den Prophetenbüchern! Unerbittlich wird jedes Versagen beim Namen genannt, werden Fehler bloßgelegt. Die Propheten geißeln – scheinbar – erbarmungslos alle, vom König bis zu den einfachen Leuten, wenn sie die Sündenregister des Gottesvolkes offenlegen. Gerade darin aber zeigt sich die wahre Barmherzigkeit: Sie kann nie ohne die Wahrheit sein. Sie kann nur heilen, wenn sie unbestechlich die Diagnose stellt. Klarer als bei den Propheten kann diese nicht ausfallen. Gottes Barmherzigkeit zeigt sich durch das ganze Alte Testament besonders im Erbarmen mit den Sünden seines Volkes. Sie werden nicht kleingeredet oder verharmlost. Der nüchterne Realismus in der Sicht von Israels Sünden lässt erst die Größe von Gottes Erbarmen ahnen.

Die Barmherzigkeit Gottes im Alten Testament

Das Alte Testament gibt reiches Zeugnis von der Barmherzigkeit Gottes. Wir müssen, wollen wir die Wurzeln von Gottes Erbarmen mit seinem Volk betrachten, »bei Adam und Eva«, bei der Schöpfung beginnen. Die Osternacht, die Feier der Nacht unserer Erlösung, beginnt mit dem »Schöpfungsbericht«: »Im Anfang schuf Gott …« (Gen 1,1ff).

Was hat das mit der Barmherzigkeit zu tun?

Fragen wir tiefer: Was hat Gott bewogen, die Welt zu schaffen? Die biblische Lehre von der Erschaffung der Welt, von allem, was ist, hat als entscheidende Voraussetzung die Überzeugung, dass nichts und niemand Gott genötigt hat, zu schaffen. Er hat keinen Mangel, den eine Schöpfung ausgleichen müsste. Er braucht sich nicht selbst zu verwirklichen, indem er schöpferisch tätig ist, wie das bei der menschlichen Tätigkeit der Fall ist. Gott hat die Welt erschaffen, erhält sie und führt sie nur deshalb zu ihrem Ziel, weil Er es will, in voller Freiheit, ohne irgendeine Notwendigkeit oder Nötigung. Es gibt nur einen Grund: weil Er gut ist; nur ein Motiv: weil Er Anteil an sich selber schenken will. Deshalb heißt es im Katechismus mit Hinweis auf drei Schriftstellen:

»Wir glauben, dass Gott die Welt nach seiner Weisheit erschaffen hat. Sie ist nicht das Ergebnis irgendeiner Notwendigkeit, eines blinden Schicksals oder des Zufalls. Wir glauben, dass sie aus dem freien Willen Gottes hervorgeht, der die Geschöpfe an seinem Sein, seiner Weisheit und Güte teilhaben lassen wollte: ›Denn du bist es, der die Welt erschaffen hat, durch deinen Willen war sie und wurde sie erschaffen‹ (Offb 4,11). ›Herr, wie zahlreich sind deine Werke! Mit Weisheit hast du sie alle gemacht‹ (Ps 104,24). ›Der Herr ist gütig zu allen, sein Erbarmen waltet über all seinen Werken‹ (Ps 145,9).«

Katechismus der Katholischen Kirche 295

Seine Barmherzigkeit waltet über all seinen bestehenden Werken, ja sie ist die Wurzel, der Quellgrund aller seiner Werke. So erscheint in allen diesen Werken Gottes seine Barmherzigkeit. Am Anfang der Bibel steht also diese alles Weitere entscheidende Gewissheit, dass Seine Güte der Ursprung von allem ist. Die Barmherzigkeit ist nicht eine gelegentliche »Gefühlsanwandlung« Gottes. Sie ist die Wurzel und der Ursprung aller Kreatur. Gegen Ende des Alten Testaments spricht das Buch der Weisheit diese Erkenntnis nochmals besonders klar aus:

»Du liebst alles, was ist, und verabscheust nichts von dem, was du gemacht hast; denn hättest du etwas gehasst, so hättest du es nicht geschaffen. Wie könnte etwas ohne deinen Willen Bestand haben, oder wie könnte etwas erhalten bleiben, das nicht von Dir ins Dasein gerufen wäre? Du schonst alles, weil es Dein Eigentum ist, Herr, Du Freund des Lebens«

Weisheit 11,24–26

Hier ist der Berührungspunkt mit der Schöpfungstheologie. Eine Welt ohne Schöpfer wäre ein gnadenloses Spiel blinder Kräfte. Die wissenschaftliche Evolutionstheorie mag zutreffend sein, die Sinnfrage kann und will sie nicht beantworten, das will nur ein »ideologischer Evolutionismus«, der einen Schöpfer von vornherein ausschließt. Der Glaube an den Schöpfergott ist der Grund für den Glauben an seine Güte, sein Wohlwollen und sein

Erbarmen mit allen Geschöpfen. Nur ein freier Schöpfer, der aus Güte schafft, kann sich in voller Freiheit seinen Geschöpfen zuwenden, wenn sie in Not geraten. Er kann sein Herz ihrer Not zuwenden. So kann man seine Barmherzigkeit, *misericordia,* verstehen als: ein Herz für die Misere der anderen haben. Weil Gottes Liebe die Quelle allen geschaffenen Seins ist, wendet sich diese Liebe auch allen Geschöpfen zu, ohne Ausnahme, und seien sie noch so fern, noch so elend und armselig *(vgl. Christoph Kardinal Schönborn, Ziel oder Zufall?, Freiburg i. Br. 2007).*

Barmherzigkeit und Erwählung

Wenn Gott sich aller seiner Werke erbarmt, warum gibt er dann solche Befehle, wie die an Josua oder Saul, die Feinde sämtlich zu vernichten? Ist er mit denen nicht barmherzig? Ist Gottes Barmherzigkeit an Volksgrenzen gebunden? Hört sie dort auf, wo es um die anderen Völker geht? Ist das »auserwählte Volk« privilegierter Empfänger von Gottes Erbarmen? Wir stoßen hier an eine der großen Fragen, die bis heute die Kirche bewegt. Gibt es »Erwählung«? Wenn ja, heißt das, dass »die anderen« nicht erwählt sind? Sind sie »verstoßen«? Freigegeben zur Vernichtung? Gegenstand der Verwerfung?

Das Alte Testament ist ein spannendes, reiches Zeugnis vom rechten Umgang mit der Erwählung, von ihrem Sinn und vom Auftrag, den sie enthält. Wir können die Kirche als das von Gott erwählte Volk in ihrer Sendung nicht verstehen, ohne über die Erwählung Israels nachzudenken. Was heißt es im Blick auf Gottes Barmherzigkeit für alle seine Geschöpfe, dass er sich ein Volk besonders erwählt hat? Schauen wir auf Abraham, den Stammvater des Glaubens. Mit ihm beginnt die Geschichte der Erwählung. Aus allen Menschen sondert Gott einen aus und gibt ihm einen Auftrag und einen Segen. Bedeutet diese Erwählung, dass die anderen verworfen sind? Auf dem Hintergrund der ersten elf Kapitel der Bibel sieht die Erwählung Abrahams anders aus:

»Zieh weg aus deinem Vaterhaus in das Land, das ich dir zeigen werde. Ich werde dich zu einem großen Volk machen, dich segnen und deinen Namen groß machen … Ein Segen sollst du sein … Durch dich sollen alle Geschlechter der Erde Segen erlangen.«

Genesis 12,1–2.3b

Genesis 3–11 ist eine drastische Darstellung der Kaskade des Bösen, die sich aus der Ur-Sünde auf die ganze Menschheit ergießt, vom Sündenfall angefangen über den Brudermord des Kain an Abel, die wachsende Bosheit, die in der Sintflut ertränkt wird und dann unter Noahs Nachkommen wieder zur maßlosen Selbstdarstellung im Turmbau von

Babel führt. Auf diesem dunklen Hintergrund ist die Erwählung Abrahams ein Akt der Barmherzigkeit.[2] Gott erbarmt sich einer Menschheit, die auf den Abgrund zu läuft. Er setzt einen neuen Anfang. Er greift ein, aber nicht »von außen«, sondern indem er einen Menschen auswählt, damit durch ihn allen neu Barmherzigkeit zuteil wird. Erwählung ist kein Ruhekissen, keine Rettung aus einer verlorenen Masse, sondern ein Dienst an allen, denen Gottes Erbarmen gilt. In einer Szene wird dieser Dienst Abrahams besonders deutlich: im berühmten »Gebetshandel« Abrahams mit Gott um die heidnischen Städte Sodoma und Gomorra.

Gott weiht Abraham in seine Pläne ein, mit der Sünde in Sodom und Gomorra ein Ende zu machen und die beiden Städte zu zerstören. Abraham soll wissen, was geschieht, »Denn ich habe ihn dazu auserwählt, dass er seinen Söhnen und seinem Haus nach ihm aufträgt, den Weg des Herrn einzuhalten und zu tun, was gut und recht ist, damit der Herr seine Zusagen an Abraham erfüllen kann« (Gen 18,19). Abraham hört es und sagt zum Herrn:

»Willst du auch den Gerechten mit den Ruchlosen wegraffen? Vielleicht gibt es fünfzig Gerechte in der Stadt: Willst du auch sie wegraffen und nicht doch dem Ort vergeben wegen der fünfzig Gerechten dort? Das kannst du doch nicht tun, die Gerechten zusammen mit den Ruchlosen umbringen. Dann ginge es ja dem Gerechten genauso wie dem Ruchlosen. Das kannst du doch nicht tun. Sollte sich der Richter über die ganze Erde nicht an das Recht halten? Da sprach der Herr: Wenn ich in Sodom, in der Stadt, fünfzig Gerechte finde, werde ich ihretwegen dem ganzen Ort vergeben. Abraham antwortete und sprach: Ich habe es nun einmal unternommen, mit meinem Herrn zu reden, obwohl ich Staub und Asche bin. Vielleicht fehlen an den fünfzig Gerechten fünf. Wirst du wegen der fünf die ganze Stadt vernichten? Nein, sagte er, ich werde sie nicht vernichten, wenn ich dort fünfundvierzig finde. Er fuhr fort, zu ihm zu reden: Vielleicht finden sich dort nur vierzig. Da sprach er: Ich werde es der vierzig wegen nicht tun. Und weiter sagte er: Mein Herr, zürne nicht, wenn ich weiterrede. Vielleicht finden sich dort nur dreißig. Er entgegnete: Ich werde es nicht tun, wenn ich dort dreißig finde. Darauf sagte er: Ich habe es nun einmal unternommen, mit meinem Herrn zu reden. Vielleicht finden sich dort nur zwanzig. Er antwortete: Ich werde sie um der zwanzig willen nicht vernichten. Und nochmals sagte er: Mein Herr, zürne nicht, wenn ich nur noch einmal das Wort ergreife. Vielleicht finden sich dort nur zehn. Und wiederum sprach er: Ich werde sie um der zehn willen nicht vernichten. Nachdem der Herr das Gespräch mit Abraham beendet hatte, ging er weg, und Abraham kehrte heim.«

Genesis 18, 23–33

Abraham argumentiert. Er rechnet Gott vor, was die Gerechtigkeit fordert: »Sollte sich der Richter über die ganze Erde nicht ans Recht halten?« Er redet geradezu streng, ja hart mit Gott: »Das kannst du doch nicht tun, die Gerechten zusammen mit den Ruchlosen umbringen« (Gen 18, 25). Indem Abraham zum Fürbitter wird, wird er zu dem, was Gott ihm als Auftrag gegeben hat: zum Segen für die Vielen. Abraham soll das Erbarmen Gottes in seinem Herzen tragen. Er soll barmherzig werden wie der himmlische Vater. Gott lässt ihn in seine Schule der Barmherzigkeit gehen. Aber noch geht Abraham nicht weit genug. Er hält bei zehn Gerechten an, und diese fanden sich in Sodom und Gomorra nicht.

Der Prophet Jeremia geht einen Schritt weiter. Gott hat ihn ganz in Beschlag genommen, um seine Barmherzigkeit seinem Volk zu künden: »Zieht durch Jerusalems Straßen, schaut genau hin und forscht nach, sucht auf seinen Plätzen, ob ihr einen findet, ob einer da ist, der Recht übt und auf Treue bedacht ist: Dann will ich der Stadt verzeihen – Spruch des Herrn« (Jer 5,1).

Beide, Abraham und Jeremia, versuchen eigentlich nicht, Gottes Zorn zu besänftigen, sondern sie tun, was Gott selber tun will: Sie wollen retten. Sie haben Erbarmen mit den Menschen, die auf Irrwegen gehen, und sie versuchen alles, sie davon abzubringen. Ihr Gebet bringt genau das zum Ausdruck, was Gott selber will: nicht strafen, sondern erlösen. Er will unsere Fürbitte, um sein Verzeihen schenken zu können. Am Deutlichsten wird das wohl an der anderen großen Betergestalt im Alten Testament, an Mose.

Wieder steht am Anfang eine Erwählung. Das gerettete Hebräerkind, Mose, am königlichen Hof des Pharao erzogen, ist eines Tages nicht mehr bereit, der Unterdrückung seines eigenen Volkes zuzusehen. Er tötet einen Ägypter, der einen Hebräer, einen seiner Brüder aus dem unterjochten Volk, schlug. Mose muss fliehen und er, der vornehme Mann vom Pharaonenhof, wird Nomade unter Nomaden in der Wüste Sinai, für lange vierzig Jahre der Vorbereitung, ohne es selber zu wissen. Gott allein weiß, was er mit ihm vorhat.

Was da, nach vierzig Jahren, geschieht, ist wieder eine Initiative der Barmherzigkeit. Sie geht von Gott aus, aber sie braucht ein menschliches Instrument. Gott beruft Mose. Und auch das ist Barmherzigkeit, ganz konkret. Es ist immer ein Geschenk von Gottes Barmherzigkeit, wenn er einen Menschen besonders beruft. Und dieses Geschenk wird fruchtbar, wenn der Gerufene den Ruf annimmt. – Das gilt zum Beispiel auch von Franz Jägerstätter († 1943), überhaupt von allen Heiligen. Sie sind immer ein Segen. – Im Buch Exodus heißt es:

»Der Herr sprach: Ich habe das Elend meines Volkes in Ägypten gesehen, und ihre laute Klage über ihre Antreiber habe ich gehört. Ich kenne ihr Leid. Ich bin herabgestiegen, um sie der Hand der Ägypter zu entreißen und aus jenem Land hinaufzuführen in ein schönes, weites Land, in ein Land, in dem Milch und Honig fließen, in das Gebiet der Kanaaniter, Hetiter, Amoriter, Perisiter, Hiwiter und Jebusiter. Jetzt ist die laute Klage der Israeliten zu mir gedrungen, und ich habe auch gesehen, wie die Ägypter sie unterdrücken. Und jetzt geh! Ich sende dich zum Pharao. Führe mein Volk, die Israeliten, aus Ägypten heraus!«

Exodus 3,7–10

An diesem Mit-Leiden Gottes mit seinem Volk soll Mose teilhaben. Er wird dazu genug Gelegenheit bekommen, am dramatischsten in der Geschichte mit dem Goldenen Kalb. Der Zorn Gottes mag uns allzu menschlich erscheinen. Ein tieferer Blick zeigt uns aber etwas anderes:

»Da sprach der Herr zu Mose: Geh, steig hinunter, denn dein Volk, das du aus Ägypten heraufgeführt hast, läuft ins Verderben. Schnell sind sie von dem Weg abgewichen, den ich ihnen vorgeschrieben habe. Sie haben sich ein Kalb aus Metall gegossen und werfen sich vor ihm zu Boden. Sie bringen ihm Schlachtopfer dar und sagen: Das sind deine Götter, Israel, die dich aus Ägypten heraufgeführt haben. Weiter sprach der Herr zu Mose: Ich habe dieses Volk durchschaut: Ein störrisches Volk ist es. Jetzt lass mich, damit mein Zorn gegen sie entbrennt und sie verzehrt. Dich aber will ich zu einem großen Volk machen.

Da versuchte Mose, den Herrn, seinen Gott, zu besänftigen, und sagte: Warum, Herr, ist dein Zorn gegen dein Volk entbrannt? Du hast es doch mit großer Macht und starker Hand aus Ägypten herausgeführt. Sollen etwa die Ägypter sagen können: In böser Absicht hat er sie herausgeführt, um sie im Gebirge umzubringen und sie vom Erdboden verschwinden zu lassen? Lass ab von deinem glühenden Zorn, und lass dich das Böse reuen, das du deinem Volk antun wolltest. Denk an deine Knechte, an Abraham, Isaak und Israel, denen du mit einem Eid bei deinem eigenen Namen zugesichert und gesagt hast: Ich will eure Nachkommen zahlreich machen wie die Sterne am Himmel, und: Dieses ganze Land, von dem ich gesprochen habe, will ich euren Nachkommen geben, und sie sollen es für immer besitzen. Da ließ sich der Herr das Böse reuen, das er seinem Volk angedroht hatte.« *Exodus 32,7–14*

»Dein Volk, das du aus Ägypten herausgeführt hast ...« – Gott scheint sich von seinem Volk zu distanzieren. Er scheint Mose zu verlocken mit einem Angebot: »Dich aber will ich zu einem großen Volk machen.« Es ist, als wollte Gott Mose versuchen: Mach Schluss mit diesem störrischen Volk! Du wirst es besser machen, dein neues Volk wird anders, größer, gelungener sein. Die jüdisch-rabbinische Exegese hat sich vor allem bei dem seltsamen Wort aufgehalten: »Jetzt lass mich, damit mein Zorn gegen sie entbrennt und sie verzehrt.« Seit wann muss Gott den Menschen um Erlaubnis bitten, seinen Zorn walten zu lassen? Hat denn Mose die Hand des Zornes Gottes festgehalten, sodass sich Gott seinem Griff entwinden müsste? »Lass mich ...« Die Rabbiner sagen, das sei wie eine Bitte, in paradoxer Form: Tu etwas, damit ich nicht strafen muss! Bestürme mich, halte mich zurück!

Moses Antwort wird genau zu dem, was Gott von ihm wollte. Drei Elemente stechen hervor: Zuerst erinnert Mose Gott daran, dass dieses halsstarrige Volk seines ist, und dass nicht Mose, sondern Er selber »mit großer Macht und starker Hand« dieses Sein Volk aus Ägypten herausgeführt hat. Dann packt Mose Gott gewissermaßen bei seiner Ehre: Was werden die Ägypter sagen, wenn sie sehen, wie du dein Volk behandelst? Welches Licht würde da auf dich fallen? Dein Name käme in Verruf! Und drittens erinnert er Gott an sein Versprechen: Denke an deinen Eid, den du Abraham und seinen Nachkommen geschworen hast. Moses bittet also Gott um nichts anderes, als was er selber als seinen Willen bekundet hat: Dein Wille geschehe! Und so lässt Gott von seinem Zorn ab.

Weil Mose sich für das »halsstarrige Volk« zum Fürsprecher gemacht hat, »kann« Gott es nicht mehr verwerfen. Es bleibt fest in der Treue Gottes verankert, an die Mose den Herrn erinnert. Gottes Barmherzigkeit braucht Instrumente. Mose macht sich immer mehr, immer totaler dazu. Deshalb geht er noch einen Schritt weiter in seiner Fürbitte: »Ach, dieses Volk hat eine große Sünde begangen. Götter aus Gold haben sie sich gemacht. Doch jetzt nimm ihre Sünde von ihnen! Wenn nicht, dann streich mich aus dem Buch, das du geschrieben hast« (Ex 32,31–32).

Mose tut, was letztlich Jesus zur Erfüllung gebracht hat: Er setzt sein eigenes Leben ein, damit sein Volk Vergebung erlangt. Mose wird so zum großen Sühner für die Sünde seines Volkes: Lieber von Gott verstoßen sein, als sein Volk verloren gehen zu lassen! Mose kommt so weit, sein Volk mit der Liebe zu lieben, mit der Gott selber es liebt. Das wird die Sendung Jesu sein: die Sünden seines Volkes auf sich zu nehmen, bereit, für es zu sterben, aber nicht nur für die Sünden seines Volkes, sondern für die der ganzen Welt (vgl. 1 Joh 2,1–2).

Ausblick

Es ist ein langer Weg von den Befehlen Gottes, die feindlichen Völker zu vernichten, bis hin zum Fürbittgebet des Mose. Es gäbe noch sehr viel über das Thema der Barmherzigkeit im Alten Testament zu sagen: über die Begriffe, die die Bibel dafür verwendet; über die Erfahrungen von Barmherzigkeit und Gerechtigkeit; über deren Beziehung zueinander. Wir müssten genauer zeigen, wie Gottes Barmherzigkeit die Grundlage seiner Gerechtigkeit ist; wie das Bekennen der Fehler, das Bekenntnis der Sünde, die wahre Reue unfehlbar Gottes Erbarmen erlangt.

Gerade letzteres wird in der Geschichte von König David besonders eindrucksvoll zum Ausdruck gebracht. Der Prophet Natan konfrontiert David unerbittlich mit seiner Schuld (2 Sam 12,1–4). David bekennt sie ohne Wenn und Aber, ebenso klar und schnell kommt auch die Vergebung. Es ist, als warte Gott nur darauf, uns sein Erbarmen schenken zu können.

Zwei Worte der Propheten zeigen, wie tief das Alte Testament von der Barmherzigkeit Gottes geprägt und wie sehr das Neue Testament, die Verkündigung Jesu über die Barmherzigkeit, die Erfüllung des Alten Testaments ist:

»Mit ewiger Liebe habe ich dich geliebt, darum habe ich dir so lange die Treue bewahrt.«

Jeremia 31,3

»Auch wenn die Berge von ihrem Platz weichen und die Hügel zu wanken beginnen – meine Huld wird nie von dir weichen und der Bund meines Friedens nicht wanken, spricht der Herr, der Erbarmen hat mit dir.«

Jesaja 54,10

III. Jesu strenge Barmherzigkeit

Die Barmherzigkeit gilt zweifellos zu Recht als Mitte von Jesu Verkündigung, als das Kennzeichen seiner Person. Aber worin besteht sie? Wie drückt sie sich aus? In Jesus kommt Gottes Barmherzigkeit uns nahe, »besucht« uns. Zacharias, der Vater des Johannes, singt nach dessen Geburt: »Durch die barmherzige Liebe unseres Gottes wird uns besuchen das aufstrahlende Licht aus der Höhe« (Lk 1,78). Christus ist der *oriens ex alto*, das aufstrahlende Licht aus der Höhe; in ihm kommen, so heißt es wörtlich, »die Eingeweide des Erbarmens Gottes« zu uns. Dieser Hebraismus erinnert an die entsprechenden alttestamentlichen Begriffe. Der Sitz des Erbarmens sind die *rachamim,* die Eingeweide, der *rechem,* der Mutterschoß. Gottes Erbarmen ist so tief wie die Liebe einer Mutter zu ihrem Kind, ja noch tiefer. Bei Jesaja heißt es: »Kann denn eine Frau ihr Kind vergessen, eine Mutter ihren eigenen Sohn? Und selbst, wenn sie ihr Kind vergessen würde: Ich vergesse dich nicht« (Jes 49,15).

Gottes mütterliches Erbarmen

Jesu Sendung ist Ausdruck dieses mütterlichen Erbarmens Gottes. Sein Kommen ist das Geschenk von Gottes treuer Barmherzigkeit. Maria besingt sie im Magnificat, als sie bei Zacharias und Elisabet, ihrer Verwandten, zu Besuch ist: »Er erbarmt sich *(misericordia eius)* von Geschlecht zu Geschlecht über alle, die ihn fürchten« (Lk 1,50). Im Hintergrund steht hier der Begriff *chesed*, der gemeinsam mit dem Wort *rachamim* die alttestamentliche Rede von Gottes Barmherzigkeit bestimmt. Das Wort *chesed* bezeichnet eine tief verwurzelte Haltung von Güte. Dabei geht es nicht nur um liebevolle, gütige Zuwendung, sondern um etwas höchst Verbindliches. In *Dives in misericordia* beschreibt Papst Johannes Paul II. diese Bindung:[3]

»Wenn sich diese zwischen zwei Menschen entwickelt, sind sie nicht nur einander wohlwollend gesinnt, sondern auch einander treu, und zwar aufgrund einer inneren Verpflichtung, also *aufgrund einer Treue zu sich selbst*«

Beide Worte, *chesed* und *rachamim*, bezeichnen Gottes Barmherzigkeit, das eine betont mehr die männlichen Charakterzüge der Treue, das andere mehr die Mutterliebe. Die göttliche Barmherzigkeit ist eine tiefe, völlige Zuwendung, die verbindlich, dauerhaft, treu und ganz personal dem gilt, dem sie sich zuwendet. Nichts wäre ihr fremder als ein vages »Allerweltsgefühl« des Wohlwollens. Wem Gott Seine Barmherzigkeit zuwendet, der ist als Person unverwechselbar gemeint, angesprochen, geliebt. Die Barmherzigkeit macht den, dem sie gilt, nicht zu einem Objekt, sondern sie berührt die Person in ihrer Mitte, in ihrer Würde.

Jesus ist gewissermaßen die Inkarnation von Gottes Erbarmen. In ihm wendet Gott sich nicht der Menschheit als abstrakter Größe zu, sondern jedem einzelnen Menschen. Er hat mir Barmherzigkeit erwiesen. Durch Christus werde ich zum Du der Zuwendung Gottes und bin umgekehrt persönlich angesprochen. Wer in Christus der Barmherzigkeit Gottes in Person begegnet, ist im Innersten betroffen und herausgefordert. Sie lässt nicht neutral.

Die Betrachtung einiger Szenen des Evangeliums bringt uns dieser persönlich ansprechenden und herausfordernden Dimension der Barmherzigkeit näher. Bei Lukas heißt es: »Einige Zeit später ging er in eine Stadt namens Naïn; seine Jünger und eine große Menschenmenge folgten ihm. Als er in die Nähe des Stadttors kam, trug man gerade einen Toten heraus. Es war der einzige Sohn seiner Mutter, einer Witwe. Und viele Leute aus der Stadt begleiteten sie. Als der Herr die Frau sah, hatte er Mitleid mit ihr und sagte zu ihr: Weine nicht! Dann ging er zu der Bahre hin und fasste sie an. Die Träger blieben stehen, und er sagte: Ich befehle dir, junger Mann: Steh auf! Da richtete sich der Tote auf und begann zu sprechen, und Jesus gab ihn seiner Mutter zurück« (Lk 7,11–15).

Im Griechischen heißt es *esplanchnisthe ep' aute:* Er war bis ins Innerste über sie von Mitleid bewegt, bis in seine »Eingeweide« *(splanchnia)* »tief berührt«. Immer wieder ist Jesu Reaktion so: Er sieht Leid und geht nicht daran vorbei. Es ist ihm nicht egal. Das hat sich bei seinen Jüngern als unübersehbarer Zug an Jesu Verhalten und Worten eingeprägt.

In Galiläa bittet ein Leprakranker kniefällig: »Wenn du willst, kannst du mich rein machen.« Von Mitleid ergriffen *(splanchnistheis)* streckt Jesus die Hand aus, berührt ihn und spricht: »Ich will, sei rein« (Mk 1,41–42). Auf dem Weg nach Jerusalem in Jericho flehen zwei Blinde Jesus lautstark um Hilfe an. Wieder ist er »bis ins Innerste von Mitleid ergriffen *(splanchnistheis)*« und schenkt ihnen das Augenlicht (Mt 20,34).

Die erste Begegnung mit Jesu Barmherzigkeit ist die des einfachen, elementaren Mitfühlens mit dem Leiden anderer: einer Witwe, die auch noch ihren einzigen Sohn verliert, der ihr ganzer Schutz und Schirm war; ein von der Lepra verstümmelter Ausgestoßener, dessen Anblick Grauen und Entsetzen auslöst; zwei Blinde, die mit ihrem Geschrei den Gesunden auf die Nerven gehen. Jesus geht nicht vorbei, schaut nicht weg, sondern lässt das Leid an sich herankommen. Er wendet sich den Leidenden zu, berührt sie (auch wenn es vom Ritualgesetz verboten ist, wie bei den Leprakranken).

Ur-Menschliche Barmherzigkeit

Ist Jesu Erbarmen eine natürliche menschliche Haltung? Eine spontane Regung, die eigentlich in jedem Menschen sein müsste, wenn wir einem echten Leid begegnen? Oder ist das nur eine von Jesus (und dem Christentum in seiner Folge) verbreitete Haltung, die spezifisch für seine Sicht ist? Ist Erbarmen ur-menschlich oder (nur) ur-christlich? Friedrich Nietzsche sieht darin die schädliche, lebensfeindliche Haltung des Christentums. In seinem Spätwerk »Antichrist« schreibt er: »Die Schwachen und Missratenen sollen zugrunde gehen: erster Satz *unserer* Menschenliebe. Und man soll ihnen noch dazu helfen. Was ist schädlicher als irgendein Laster? – Das Mitleiden der Tat mit allen Missratenen und Schwachen – das Christentum.«[4]

Der Text schockiert, weil er so direkt ist. Aber ist die Forderung nach aktiver Sterbehilfe nicht eben die genaue Umsetzung dessen, was Nietzsche im Protest gegen das Christentum »den ersten Satz unserer Menschenliebe« nennt? Wenn heute Trisomie 21, das Down-Syndrom, schon im Mutterschoß diagnostiziert werden kann und damit der Druck auf die Eltern wächst, ein behindertes Kind nicht auf die Welt zu bringen, sondern abzutreiben, dann ist Nietzsches Forderung erfüllt, man solle den Schwachen und Missratenen noch dazu helfen, dass sie zugrunde gehen.

Was ist Barmherzigkeit? Ist es nicht viel barmherziger, einen unheilbar Kranken zu töten, als die aus dem jüdisch-christlichen Ideal erwachsene Haltung, die das Leben trotz Leiden erhält? Wie steht es um Jesu Barmherzigkeit? Hat er da etwas Neues vom Himmel mitgebracht, die Offenbarung eines barmherzigen Gottes, die gegen alles (oder vieles) menschliche Empfinden läuft? Ist es natürlich, mit einem Leprakranken Erbarmen zu haben, oder ist es »übernatürlich«, nur gnadenhaft zu verstehen? Oder ist es gar widernatürlich, ja widerlich, wie Nietzsche es sah?

Jesu Erbarmen mit den Notleidenden jeder Art hat eine im Menschen grundgelegte Basis, eine natürliche, emotionale, spontane Grundlage. Aber es geht deutlich über diese hinaus. Jesu Zuwendung ist zwar auch emotional, aber nicht nur. Sie hat ein starkes Willensmoment, sonst könnte sie den Widerwillen, den die Begegnung mit einem Leprakranken in unserer Emotion auslöst, nicht überwinden. In diesem Willen zur Zuwendung liegt auch ein Vernunftelement, im anderen nicht die abstoßende Krankheit zu sehen, sondern den Menschen, der an dieser schrecklichen Krankheit leidet. Weil er ein Mensch ist, fühlt Jesus mit ihm.

Mit-Leid bedeutet, sich in das Leid des anderen hineinfühlen, ihn als ein anderes Ich zu sehen, ihn als Mit-Menschen wahrzunehmen und anzunehmen. Das wird Jesus in den Gleichnissen immer wieder zur Sprache bringen, besonders in der sogenannten »Goldenen Regel«, die sowohl vernünftig wie emotional einsichtig ist: »Alles, was ihr wollt, dass euch die Leute tun, das sollt auch ihr ihnen tun; denn das ist das Gesetz und die Propheten« (Mt 7,12).

Doch Jesu Barmherzigkeit geht über dieses natürliche Grundmaß noch hinaus (siehe dazu Kap. IV). Unsere Barmherzigkeit soll so sein wie die Gottes selbst. Was Jesus uns da zumutet, ist mit natürlichen Kräften nicht erreichbar. Ohne kräftige Hilfe von oben bedeutet es eine Überforderung. Das wird etwa in der Barmherzigkeit den Feinden gegenüber deutlich.

Es gibt eine in der menschlichen Natur angelegte Grundform der Barmherzigkeit, die auch in Jesu Erbarmen als etwas wahrhaft Menschliches sichtbar wird. Bei der Begegnung mit Leidenden Mitleid zu empfinden, ist nicht nur eine vom Christentum geprägte Verhaltensform, auch wenn das Christentum darauf einen stark gestaltenden Einfluss hatte.

Wir empfinden es zu Recht als eine unangemessene Reaktion, wenn jemand auf Leid völlig gefühllos reagiert. Hätte Jesus die Tränen der Witwe von Naïn verspottet, empfänden wir dies als skandalös. Gefühle sind nicht rein subjektiv, sie haben ihre Angemessenheit. Vor Erschreckendem zu erschrecken, bei einem traurigen Anlass mitzutrauern, bei einem schrecklichen Unfall erschüttert zu sein, in einem guten Kabarett zu lachen – all das ist angemessen, das Gegenteil empfinden wir als unpassend.

Die neuere Gehirnforschung bietet hier eine spannende, inzwischen auch populärwissenschaftlich zugängliche physiologische Grundlage. Die sogenannten Spiegelneuronen im Gehirn bewirken, dass wir bei Schmerz, den wir bei anderen sehen, zusammenzucken, als träfe er uns selber. Joachim Bauer, Professor für Psychoneurologie in Freiburg, stellt das in seinem Buch *Warum ich fühle, was du fühlst. Intuitive Kommunikation und das Geheimnis der Spiegelneurone (Hamburg 2005)* verständlich dar. Es ist hilfreich, diese Forschungen wenigstens in groben Zügen zu kennen, um zu sehen, wie tief die Barmherzigkeit in die menschliche Natur eingesenkt ist. Nicht umsonst setzen wir Unbarmherzigkeit und Unmenschlichkeit gleich.

Barmherzigkeit und Gerechtigkeit

Mit dem Nachdenken über die Barmherzigkeit Jesu erscheint sie noch geheimnisvoller und anspruchsvoller, manchmal auch schwerer verständlich. Hat Jesus sich Einzelner erbarmt oder aller? Musste er als Mensch nicht auswählen? Jesus hat viele geheilt, manchmal heißt es sogar, er habe alle Kranken geheilt, die man an bestimmten Tagen zu ihm brachte (vgl. etwa Mt 8,16; 14,14). Aber wie viele blieben dennoch mit ihren Krankheiten übrig. Jesus hat das ausdrücklich zur Sprache gebracht. Als er in Nazaret in der Synagoge sprach, waren die Mitbürger über seine Worte so empört, dass sie ihn umbringen wollten. Da sagte er: »Viele Aussätzige gab es in Israel zur Zeit des Propheten Elischa. Aber keiner von ihnen wurde geheilt, nur der Syrer Naaman« (Lk 4,27), also ein Heide. Jesus hat nicht alle Leprakranken seiner Tage geheilt. Hatte er nicht mit allen Mitleid? Wird sein Mitleid gar willkürlich verteilt, aus unerfindlichen Gründen oder einfach so? »Ich gewähre Gnade, wem ich will, und ich schenke Erbarmen, wem ich will«, sagt Gott zu Mose (Ex 33,19). Ist also das Erbarmen von der Gerechtigkeit losgelöst? So wird die Kritik, die Barmherzigkeit sei »paternalistisch«, verständlich. Man fordert deshalb Gerechtigkeit, das, was jedem jeweils zusteht und worauf er einen gerechten Anspruch hat, nicht aber Barmherzigkeit, die gibt, wenn sie will – oder eben nicht, wenn sie nicht will.

Das Dilemma ist offensichtlich: Was hilft Barmherzigkeit in einzelnen Fällen all denen, die in derselben Lage sind? Wie verhalten sich Barmherzigkeit und Gerechtigkeit zueinander? Sicher hat Jesus nicht alle Leprakranken geheilt. Aber er hat den, der ihn angesprochen hat, nicht deshalb zurückgewiesen, weil es noch so viele andere gibt.

Die Frage der Barmherzigkeit stellt sich nicht abstrakt, sondern konkret.

»Ein Mann ging von Jerusalem nach Jericho hinab und wurde von Räubern überfallen ...« (Lk 10,30). Jesus erzählt dieses Gleichnis, um genau auf diese Frage zu antworten. »Du sollst deinen Nächsten lieben wie dich selbst«, so steht es im Gesetz Gottes. »Und wer ist mein Nächster?«, fragt ein Gesetzeslehrer Jesus. Ich kann doch nicht alle lieben, nicht mit allen barmherzig sein. Darum geht es auch nicht. Die Nächstenliebe ist konkret. Wer ist mein Nächster? Jesus lässt in seiner Erzählung einen Priester und einen Leviten vorbeikommen. Beide sehen den halbtoten Ausgeraubten da liegen, wechseln die Straßenseite und gehen vorbei. Es wird nicht gesagt, was sie empfanden, nur was sie taten, denn nur das zählt. Sie hatten vielleicht gute Gründe, die wir nachempfinden können, etwa die Angst, selber überfallen zu werden, denn die Räuber konnten ja noch nahe gewesen sein. Entscheidend ist, dass der Samariter, der fremde Halbheide, etwas anderes tat. Unweigerlich empfinden wir, dass seine Tat die richtige, der Situation angemessene gewesen ist. Wir halten es für richtig und gerecht, dass in unseren modernen Rechtsordnungen sogar eine gesetzlich geregelte Beistandspflicht festgehalten ist. Beim Samariter benennt Jesus auch, was er dabei empfand: *»esplanchnisthe«* – er war von tiefem Mitleid bewegt. Am Schluss der Erzählung fragt Jesus den Gesetzeslehrer: »Wer von diesen dreien hat sich als der Nächste dessen erwiesen, der von den Räubern überfallen wurde?« Die Antwort ist unausweichlich: »Der, der barmherzig an ihm gehandelt hat« (Lk 10, 25–37).

Barmherzigkeit ist konkret, betrifft nicht irgendwie alle, sondern den, der hier und jetzt meiner Hilfe bedarf. So sehen wir auch Jesus in Begegnungen mit Einzelnen. Er ist ganz Zuwendung, ganz da, bei der Person, die ihn anspricht, und widmet sich ihr. Er verwirklicht immer neu, was er im Gleichnis von dem einen verlorenen Schaf gesagt hat. Der Hirt lässt die 99 anderen zurück, um sich ganz der Suche nach dem verlorenen zu widmen. Ist es nicht für die 99 beruhigend, zu erleben, dass es dem Hirten so wichtig und wertvoll ist und dass er auch jedem einzelnen der anderen 99 nachgehen würde, sollte es sich verirren und in Gefahr geraten, von Raubtieren gerissen zu werden? Die konkrete Zuwendung Jesu zu den Einzelnen hat etwas zutiefst Tröstliches für alle, das zuversichtlich macht.

Aber wir kennen auch Situationen, in denen Jesus sein Erbarmen auf viele ausweitet. Immer wieder klingt dieses Motiv an: »Mich erbarmt des Volkes.« Jesus sieht, wie sie sich plagen, wie sie »schon drei Tage bei mir ausharren und nichts zu essen haben«. Jesu Sorge um die vielen Menschen, die ihn suchen, ist wieder sehr konkret: »Wenn ich sie hungrig nach Hause gehen lasse, werden sie unterwegs erliegen, denn manche von ihnen sind von weither gekommen« (Mk 8,1–3). Er sorgt aber nicht nur für ihr leibliches Brot. Bei der ersten Brotvermehrung ist es ein anderes Brot, das er ihnen vorrangig gibt:

»Die Apostel versammelten sich wieder bei Jesus und berichteten ihm alles, was sie getan und gelehrt hatten. Da sagte er zu ihnen: Kommt mit an einen einsamen Ort, wo wir allein sind, und ruht ein wenig aus. Denn sie fanden nicht einmal Zeit zum Essen, so zahlreich waren die Leute, die kamen und gingen. Sie fuhren also mit dem Boot in eine einsame Gegend, um allein zu sein. Aber man sah sie abfahren, und viele erfuhren davon; sie liefen zu Fuß aus allen Städten dorthin und kamen noch vor ihnen an. Als er ausstieg und die vielen Menschen sah, hatte er Mitleid mit ihnen; denn sie waren wie Schafe, die keinen Hirten haben. Und er lehrte sie lange.«

Markus 6,30–34

»Und er lehrte sie lange.« Mich bewegt diese Stelle immer: Sein tiefes Erbarmen mit den Menschen, die ihm bis in diese einsame Gegend am See (der Tradition nach bei Tabga) nachgelaufen sind, äußert sich zuerst darin, dass Jesus sie lange lehrt. Nicht umsonst wird Unwissende zu belehren unter die geistlichen Werke der Barmherzigkeit gezählt. Jesus lehrt sie, und sein Wort ermüdet sie nicht, denn er lehrt »wie einer, der Vollmacht hat, und nicht wie die Schriftgelehrten« (Mt 7,29). Jesus hat zuerst Erbarmen mit unserer Unwissenheit. Das Brot, das wir vor allem anderen brauchen, ist sein Wort. Ohne das sind wir »wie Schafe ohne Hirten«.

Was lehrte sie Jesus an diesem langen Tag? »Noch nie hat ein Mensch so gesprochen« (Joh 7,46), sagen die Gerichtsdiener dem Hohen Rat in Jerusalem. Was uns von Jesu Wort in den Evangelien überliefert ist, reicht als »Brot des Wortes« für die ganze Zeit der Kirche. Sich von seinem Wort prägen lassen heißt auch, sich von seiner Barmherzigkeit prägen lassen. Seine Worte kommen direkt aus der Quelle aller Barmherzigkeit, dem Herzen des Vaters. Er sagt nur, was er vom Vater erhalten hat. »Mein Wort ist nicht mein Wort, sondern das Wort dessen, der mich gesandt hat« (vgl. Joh 14,24).

Seine und unsere Barmherzigkeit

Jesu Jünger brauchten lange, bis sie in die »Herzkammer« seiner Barmherzigkeit eindringen konnten. Es war ein mühevoller Weg Jesu mit seinen Schülern, bis sie seine Barmherzigkeit verstanden und eingeübt haben.

Zwei Beispiele zeigen das.

Markus schreibt: »Jesus lehrte sie lange. Gegen Abend kamen seine Jünger zu ihm und sagten: Der Ort ist abgelegen und es ist schon spät. Schick die Leute weg, damit sie in die umliegenden Gehöfte und Dörfer gehen und sich etwas zu essen kaufen können.« – Wie barmherzig sind die Apostel. Ich habe den großen Verdacht, dass am Ende dieses langen Tages sie die Ersten waren, die von ihrem Meister genug gehört hatten, in der Magengrube, oberhalb der *rachamim*, ein gewisses Gefühl spürten. Aus diesem Gefühl heraus entstand der Wunsch, es wäre doch Zeit, dass wir etwas zu essen bekommen. Aber da stören die vielen Menschen, die da sind, und deshalb wäre es praktisch, wenn Jesus mit diesen Menschen »barmherzig« wäre und sie wegschicken würde, damit sie in die Gehöfte und Dörfer gehen und sich etwas zu essen kaufen.

Diese Art der Barmherzigkeit ist verständlich. Jesus aber hat das anders gesehen. Die Apostel machen wohl ein verdutztes, um nicht zu sagen entsetztes Gesicht, als er ihnen sagt: »Gebt ihr ihnen zu essen!« Sie sagen zu ihm: »Woher sollen wir Brot für so viele nehmen? Sollen wir weggehen und für 200 Denare Brot kaufen und es ihnen geben, damit sie zu essen haben?«

Hier sehen wir zum ersten Mal deutlich, was im Folgenden noch klarer wird: Jesu Barmherzigkeit ist eine menschliche Überforderung. Das, was er von seinen Jüngern erwartet, ist eigentlich unmöglich. Was die Jünger wünschen und sagen, ist nur zu verständlich. Es ist Zeit, zum Abendessen zu kommen, es ist Zeit, dass die Leute gehen. Wir sind ja hierher gekommen, um Ruhe zu haben, das war die Ausgangssituation. Jesus hatte gesagt: »Kommt mit an einen einsamen Ort, wo wir allein sind, und ruht ein wenig aus.« Stattdessen war es wieder ein Tag mit vielen Menschen (Mk 6,35–44). Die Barmherzigkeit Jesu ist anspruchsvoll, schwierig.

Ein anderes Mal wird der Kontrast zwischen der Barmherzigkeit Jesu und der der Jünger noch deutlicher. Diese Szene spielt sich abseits von Galiläa ab, in der Küstengegend bei Tyrus und Sidon im heidnischen Gebiet. Jesus hat sich für einige Tage dorthin zurückgezogen und es soll nicht bekannt werden, dass er da ist. Aber es bleibt nicht geheim, und so kommt eine kanaanäische Frau aus jener Gegend zu ihm und ruft: »Hab Erbarmen mit mir Herr, du Sohn Davids, meine Tochter wird von einem Dämon gequält!« Nun haben wir hier die Situation, dass ein armes Menschenkind zu Jesus kommt und um Erbarmen bittet. »Jesus aber gab ihr keine Antwort. Da traten seine Jünger zu ihm und baten: Befreie sie von ihrer Sorge!« Die Jünger scheinen barmherzig, Jesus hingegen unbarmherzig. Ehrlicherweise haben die Apostel den Grund der Barmherzigkeit angeführt. Die Jünger bitten Jesus, »denn sie schreit hinter uns her«. Gib ihr, was sie bittet, denn sie ist uns schon sehr lästig, das ist die Barmherzigkeit der Apostel. Wie oft ist unsere Barmherzigkeit so, dass wir jemanden loswerden wollen.

Das Verhalten Jesu wirkt geradezu schockierend unbarmherzig. Er antwortet: »Ich bin nur zu den verloren Schafen des Hauses Israel gekommen.« Mich gehen diese Heiden nichts an, ich bin für die Juden gekommen. Das ist nicht mein Problem, auch wenn sie um Erbarmen bittet – nicht sehr freundlich und nicht sehr barmherzig.

»Doch die Frau kam, fiel vor ihm nieder und sagte: Herr, hilf mir!« Sie lässt nicht locker, sie wirft sich ihm zu Füßen, sie ist lästig. Darauf erwidert Jesus, jetzt alles eher als ›politically correct‹: »Es ist nicht recht, das Brot den Kindern wegzunehmen und den Hunden vorzuwerfen.« Die Juden sagten gelegentlich: die Heiden sind Hunde. – Die Christen haben dann im Mittelalter die Juden als Hunde bezeichnet, die schlimmste und abwertendste Bezeichnung, die man gebrauchen kann. – Jesus sagt: Die Kinder, das sind die Juden, die Heiden, das sind die Hunde. »Da entgegnete sie: Ja, du hast recht, Herr! Aber selbst die Hunde bekommen von den Brotresten, die vom Tisch ihrer Herren fallen.« Da sagt Jesus: »Frau, dein Glaube ist groß« (Mt 15,21–28).

Es macht nachdenklich, dass Jesus in seiner Barmherzigkeit so anspruchsvoll ist, mit dieser Frau einen so steilen Weg geht, sie so herausfordert und ihr nicht sofort gibt, was sie haben will. Jesu Barmherzigkeit hat strenge Züge.

IV. Der Preis der Barmherzigkeit Was sie Jesus kostet

Wie soll man zwischen der scheinbaren Barmherzigkeit der Apostel, die eine versteckte Form des Egoismus ist, und der scheinbaren Härte Jesu, die in Wirklichkeit der Weg seiner wahrhaft göttlichen Barmherzigkeit ist, unterscheiden? Die Barmherzigkeit ist nie billig. Jesus hat für sie einen hohen Preis bezahlt. Sonst gäbe es das Übermaß an Barmherzigkeit, das Gott uns bereithält, nicht. Johannes sagt im Prolog zu seinem Evangelium: »Aus seiner Fülle haben wir alle empfangen, Gnade über Gnade« (Joh 1,16). Diese Fülle ist nicht nur seine Gottheit, sondern seine Menschheit, die Barmherzigkeit, die er ohne Maß verschenkt, hat er im Übermaß für uns »verdient«, indem er den Preis dafür gezahlt hat.

Verhärtung der Herzen

Täglich betet die Kirche als erstes Gebet am frühen Morgen, nach der Bitte: »Herr, öffne meine Lippen, damit mein Mund dein Lob verkünde«, zum Invitatorium den Psalm 95: »Kommt, lasst uns jubeln vor dem Herrn ...« In der Mitte dieses Psalms steht ein besonders eindrucksvoller Vers, der mir stets zu einer innigen Bitte für den ganzen Tag wird: »Ach, würdet ihr doch heute auf Seine Stimme hören! Verhärtet euer Herz nicht wie in Meriba, wie in der Wüste am Tag von Massa« (Ps 95,7–8).

Herzensverhärtung ist das Gegenteil von Barmherzigkeit. Das Neue Testament nennt es auf Griechisch *pōrōsis* des Herzens. Wie sehr müssen wir darum beten, dass das Herz nicht »porös« wird. Es gibt die erschreckende Möglichkeit, dass sich das Herz verhärtet, versteinert, abgestumpft und gefühllos wird. Genau das ist die Ursünde des Menschen Gott und dem Nächsten gegenüber. Herzensverhärtung ist Abfall von Gott und Unempfindlichkeit gegenüber dem Nächsten, damit zugleich der tragische Verlust der eigenen Menschlichkeit. Der im Herzen hart Gewordene ist als Mensch versteinert und hat seine Lebendigkeit verloren. Jesus ist gekommen, um, wie von den Propheten verheißen, das alte Herz aus Stein aus unserer Brust zu nehmen und uns ein neues Herz aus Fleisch zu schenken (vgl. Ez 11,19; 36,26–27; Jer 31,33; 32,39). Nach menschlichem Maßstab scheitert Jesus gerade daran. Die Herzen werden rund um ihn härter statt offener. Schließlich führt diese Verhärtung der Herzen zu seiner Verwerfung, zum Justizmord. Gehen wir den Spuren dieser wachsenden Hartherzigkeit nach. Da ist die Szene, ganz am Anfang von Jesu Wirken in Galiläa:

»Als er ein andermal in eine Synagoge ging, saß dort ein Mann, dessen Hand verdorrt war. Und sie gaben Acht, ob Jesus ihn am Sabbat heilen werde; sie suchten nämlich einen Grund zur Anklage gegen ihn. Da sagte er zu dem Mann mit der verdorrten Hand: Steh auf und stell dich in die Mitte! Und zu den anderen sagte er: Was ist am Sabbat erlaubt: Gutes zu tun oder Böses, ein Leben zu retten oder es zu vernichten? Sie aber schwiegen. Und er sah sie der Reihe nach an, voll Zorn und Trauer über ihr verstocktes Herz (*sullupoumenos epi tē pōrōsei tēs kardias autōn*), und sagte zu dem Mann: Streck deine Hand aus! Er streckte sie aus, und seine Hand war wieder gesund. Da gingen die Pharisäer hinaus und fassten zusammen mit den Anhängern des Herodes den Beschluss, Jesus umzubringen.«

Markus 3,1–6

Wieso verhärten sich die Herzen? Jesus stellt ihnen eine Frage, auf die die Antwort klar ist: Natürlich ist es nicht erlaubt, am Sabbat Böses zu tun. Selbstverständlich muss man am Sabbat ein Leben retten. Aber wenn sie dieser offensichtlichen Sache zustimmen, dann müssen sie auch einverstanden sein, dass Jesus am Sabbat heilt. Warum ist das so schwer? Ist es nicht klar, dass er ein Mann Gottes ist, wenn er solche Gaben der Heilung hat? Aber wenn sie dem zustimmen, dann müssen sie ihn annehmen, ihm glauben. Doch genau das bringen sie nicht zustande. Ihre Herzen verhärten sich in der Begegnung mit seiner Barmherzigkeit. Sie glauben, Gott die Ehre zu erweisen, indem sie ihn ablehnen und gemeinsam mit ihren eigenen Feinden, den Leuten des Herodes, seine Ermordung planen.

So steht schon am Anfang von Jesu Wirken wie in einer Exposition das ganze Drama fest: Sie werden ihn umbringen, denn ihre Herzen haben sich verhärtet. Es ist rätselhaft: In ihm ist die Barmherzigkeit Gottes auf Erden erschienen, aber sie löst das Gegenteil aus.

Die Gefahr der Herzensverhärtung

Was ist es um dieses dunkle Mysterium der »Herzensverhärtung«? Die eigenen Jünger Jesu sind davor nicht gefeit. Die Evangelien sind von einer unerbittlichen Offenheit über die Schwächen der eigenen Jünger Jesu, ihr Nicht-Verstehen des Meisters, ihre Unsensibilität, ja ihre Herzenshärte. Der Evangelist Markus, der Schüler (und Schreiber?) des Apostels Petrus, macht das besonders deutlich. Er führt das häufige Nicht-Verstehen der Jünger auf ihre Herzensverhärtung zurück. Nach der ersten Brotvermehrung, damals, als die Jünger Jesus rieten, die Leute wegzuschicken, damit sie sich selber Essen besorgten, hieß Jesus seine Jünger im Boot vorauszufahren, er wollte die Leute entlassen, und blieb dann zum Gebet allein auf einem Berg. Gegen Morgen kommt er über den See. Sie erschrecken, glauben, es sei ein Gespenst. Er steigt ins Boot, der Wind legt sich: »Sie aber waren bestürzt und außer sich. Denn sie waren nicht zur Einsicht gekommen, als das mit den Broten geschah; *ihr Herz war verstockt«* (Mk 6,51–52). In so großer Nähe zu Jesus, und doch ist das Herz hart. Wie geht das: In der Nähe des Heiligen solche Härte? Ja kann es denn sein, dass die Nähe, das Feuer der Gegenwart Gottes Ablehnung, Kälte, Versteinerung des Herzens auslöst?

Es gibt im menschlichen Bereich dieses Phänomen, dass das Gute das Böse provoziert, die Güte geradezu Hass wecken kann. Wir rühren hier an das »Geheimnis der Bosheit«, wie Paulus es nennt (2 Thess 2,7). Es ist, als fühlte sich das Böse durch das Gute bedroht, als wollte es nicht zulassen, dass es das Gute gibt, und dass es letztlich stärker ist als alles Negative.

Es gibt auch das Phänomen der Verhärtung der Herzen in der Nähe des Heiligen. Zu den schmerzlichsten Dingen in der Kirche gehört, dass gerade die »Diener des Allerheiligsten«, wir Priester, von der Herzenshärte bedroht sind. Sie schleicht sich leise ein, durch die Routine, durch Bequemlichkeit, Abstumpfung, durch »Erkalten der ersten Liebe« (vgl. Offb. 2,4). Dann können Hirten zu Wölfen und Kardinäle zu Teufeln werden (so sagt es zumindest eine Kirchenlehrerin, die heilige Katharina von Siena, † 1380). Gegen dieses so zerstörerische Gift der Herzensverhärtung in der Kirche hilft nur das Heilkraut des Herzens Jesu. Die heilige Marguerite Marie Alacoque († 1690) hat unter den Versprechungen Jesu, die er den Verehrern seines Herzens gegeben hat, auch diese genannt:

»Mein göttlicher Erlöser gab mir zu verstehen, dass alle, welche am Heile der Seelen arbeiten, die Gabe haben werden, auch die verhärtetsten Herzen zu rühren; sie werden, falls sie nur selber eine zarte Andacht zu seinem heiligen Herzen pflegen, mit wunderbarem Erfolg arbeiten.« – »Es genügt, das göttliche Herz bekannt zu machen und dann ihm die Sorge zu überlassen, die Herzen, die er sich vorbehalten hat, mit der Salbung seiner Gnade zu durchdringen: glücklich, wer zu dieser Zahl gehört!«

Wir können nicht genug darum bitten, dass Jesus sein Herz unserem Herzen einprägt. Jesus nennt noch einen anderen Bereich, wo die Herzenshärte sich oft schrecklich auswirkt: die Ehe. Erinnern wir uns an die so wichtige Stelle im Matthäusevangelium:

»Da kamen Pharisäer zu ihm, die ihm eine Falle stellen wollten, und fragten: Darf man seine Frau aus jedem beliebigen Grund aus der Ehe entlassen? Er antwortete: Habt ihr nicht gelesen, dass der Schöpfer die Menschen am Anfang als Mann und Frau geschaffen hat und dass er gesagt hat: Darum wird der Mann Vater und Mutter verlassen und sich an seine Frau binden, und die zwei werden ein Fleisch sein? Sie sind also nicht mehr zwei, sondern eins. Was aber Gott verbunden hat, das darf der Mensch nicht trennen. Da sagten sie zu ihm: Wozu hat dann Mose vorgeschrieben, dass man (der Frau) eine Scheidungsurkunde geben muss, wenn man sich trennen will? Er antwortete: Nur weil ihr so hartherzig *(sklerokardian)* seid, hat Mose euch erlaubt, eure Frauen aus der Ehe zu entlassen. Am Anfang war das nicht so. Ich sage euch: Wer seine Frau entlässt, obwohl kein Fall von Unzucht vorliegt, und eine andere heiratet, der begeht Ehebruch.«

Matthäus 19,3–9

Sklerotische, verhärtete Herzen sind der Grund, warum Mose erlaubt hat, Scheidungsbriefe auszustellen und damit die Frau (oder auch den Mann, wie Markus ergänzt) zu entlassen. Wie erschütternd ist dieses Wort. Wie viel Herzenshärte kann es zwischen zwei Menschen geben, die einander doch so nahe sind. Und wie steht es um die Kinder? Die Kinder sind die Leidtragenden, da zerreißt es einem das Herz. Wissen die Eltern, was angerichtet wird, wenn die Kinder zwischen dem Vater und der Mutter, die sie beide brauchen und lieben, zerrissen werden?

Oft wird kritisiert, dass die Kirche unbarmherzig mit den Geschiedenen sein soll. Wer sagt ein Wort über die Kinder? Wer ist mit ihnen barmherzig? Die Kirche ist die letzte Einrichtung, die heute die Ehe verteidigt. Dafür gilt sie als hoffnungslos rückständig. Aber von allen Seiten kommen erschütternde Meldungen über die Situation der Kinder aus zerrissenen Ehen, aus chaotischen Beziehungssituationen. Wer hat Erbarmen mit den Kindern? Wie unbarmherzig wird oft die eigene Selbstverwirklichung gesucht, auf Kosten des Partners und der Kinder.

Selbstverständlich gibt es für alles auch Gegenbeispiele, Situationen, wo eine Trennung das einzig menschlich Tragbare ist oder zumindest zu sein scheint. Es ist eine große Frage für uns alle, ohne Ausnahme: Gibt es dennoch Barmherzigkeit, wo eine Beziehung gescheitert ist, sei es ohne eigene, sei es aber auch durch eigene Schuld, und wo Wunden geschlagen wurden, die nachhaltige Folgen hinterlassen?

Barmherzigkeit für die Sünder

Gibt es Barmherzigkeit auch für uns Sünder? Ja, es gibt sie, absolut und unerschöpflich. Aber sie hat zwei Voraussetzungen: Wahrhaftigkeit und Reue. Nichts macht Herzen härter als Selbstgerechtigkeit. Die Selbstrechtfertigung ist der Anfang aller Herzenshärte anderen gegenüber. Nichts öffnet die Schleusen der Barmherzigkeit schneller als Reue und Bekenntnis der eigenen Schuld.

Eines der hilfreichsten Beispiele für das untrennbare Zusammengehören von Barmherzigkeit und Wahrhaftigkeit ist die Geschichte von der Begegnung Jesu mit der Samariterin am Jakobsbrunnen (Joh 4,1–30). »Müde von der Reise« setzt Jesus sich um die Mittagszeit an den Jakobsbrunnen in Sychar, in Samarien.

»Da kam eine samaritische Frau, um Wasser zu schöpfen.« Was tut eine Frau alleine in der Mittagshitze am Brunnen? Alle Frauen, denn Wasserholen und -tragen ist bis heute meist Frauensache, kommen am Morgen oder am Abend, wenn es halbwegs kühl ist. Es wird sich gleich zeigen, warum diese Frau zu einer Stunde kommt, da sie kaum jemanden am Brunnen vermutet. Jesus bittet sie, ihm zu trinken zu geben. Es entspinnt sich ein Gespräch, ausgehend vom Erstaunen der Frau, dass ein Mann, ein Jude, sie um Wasser bittet. Dann kommt die Wende: »Geh, ruf deinen Mann und komm wieder her!« Jesus trifft genau den wunden Punkt: »Ich habe keinen Mann«, antwortet sie. Und Jesus legt die wahre Lage bloß: »Du hast richtig gesagt: Ich habe keinen Mann: Denn fünf Männer hast du gehabt und der, den du jetzt hast, ist nicht dein Mann. Damit hast du die Wahrheit gesagt« (Joh 4,7–18). An einer anderen Stelle sagt er: »Die Wahrheit wird euch frei machen« (Joh 8,32).

Jesu Barmherzigkeit ist nicht ohne die Wahrheit zu haben. Wo ist freilich die richtige Form, die Art und Weise, die Wahrheit zu sagen, ohne die Barmherzigkeit zu verletzen? Wo wird es zur falschen Barmherzigkeit, die Wahrheit zu übergehen?

Bei einem Besuch in einer Pfarre hatte ich ein Erlebnis. Nach dem Pfarrgottesdienst spricht mich ein Mann ziemlich aggressiv an: Warum ist die Kirche so unbarmherzig mit den wiederverheirateten Geschiedenen? Ich versuche, etwas zu erwidern, es hilft nicht viel. Dann sage ich: Wissen Sie, die

Sache hat uns Jesus selber »eingebrockt«. Wir würden gerne eine einfache Lösung finden, aber da steht nun einmal Sein Wort, um das wir nicht herumkommen. Und ich zitierte Jesu Wort über die Scheidung: »Wer seine Frau aus der Ehe entlässt und eine andere heiratet, begeht ihr gegenüber Ehebruch« (Mk 10, 11). Als ich dieses Wort gesagt hatte, erblasste mein Gegenüber und blieb stumm. Jesu Wort hatte wohl seine Situation getroffen. Plötzlich war es nicht mehr »die Kirche«, sondern seine eigene Geschichte, sein persönliches Drama. Jetzt erst, in diesem Moment der Wahrheit, ist die Stunde der Barmherzigkeit. Jetzt erst konnte ein gutes Gespräch beginnen. Jesus hatte ihm gesagt, was er getan hatte, und das war wie eine Befreiung. Ja, es war Ehebruch gewesen. Doch ohne das Bekenntnis dieser Schuld hatte die Barmherzigkeit sozusagen noch keinen »Landeplatz« bei ihm gefunden. Deshalb mussten andere beschuldigt werden, »die Kirche«, oder wer immer sonst.

Kehren wir zur Szene am Brunnen von Sychar zurück. Nach den Worten Jesu über ihre fünf Männer und den sechsten, der nicht ihrer ist, offenbart sich Jesus ihr als der, der kommen soll, als der Messias. Dann heißt es: »Da ließ die Frau ihren Wasserkrug stehen, eilte in den Ort und sagte den Leuten: Kommt her, seht, da ist ein Mann, der mir alles gesagt hat, was ich getan habe: Ist er vielleicht der Messias? Da liefen sie hinaus aus dem Ort und gingen zu Jesus« (Joh 4, 28–30).

Welche Wirkung hat die Wahrheit, die Jesus dieser Frau zumutet! Sie, die vorher isoliert war, in der Mittagshitze Wasser schöpfen musste, ist plötzlich mitten unter den Leuten. Was sie vorher von ihnen getrennt hat, bringt sie jetzt zu den Menschen zurück. Ihr skandalöses Leben war Gegenstand des allgemeinen Geredes gewesen, jetzt kommt sie selber und sagt: Da ist einer, der hat mir alles gesagt, was ich getan habe. Das Gerede hatte sie isoliert, die Wahrheit stellt die Kommunikation wieder her. Worüber sie sich geschämt hatte, das kann sie jetzt öffentlich eingestehen. Alle wussten es und verachteten sie. Er sagt es ihr, ohne sie zu verachten. Weil er sie als Person achtet und liebt, identifiziert er sie nicht mit ihrer Schuld.

Indem er ihr menschliches Drama benennt, verurteilt er sie nicht, sondern legt in seinem Erbarmen offen, dass sie in all den Beziehungen etwas anderes suchte, als sie dort fand. »Ich habe keinen Mann« – ich höre in diesem Wort einen tiefen Schmerz. Sie hat vielen Männern gehört, aber keinen Mann gehabt. Wirklich geliebt hat sie keiner. »Ich habe keinen Mann« – welch ein erschütterndes Wort dieser Frau, der Jesus so ganz anders begegnet als alle anderen zuvor. In Jesus hat sie ihn gefunden, den Mann, der nicht etwas von ihr wollte, sondern sie; der sie nicht verurteilt, aber ihr auch nicht die Wahrheit vorenthält, die sie frei macht.

Die Sünderin wird zur Missionarin. Alle Einwohner des Ortes gehen zu Jesus hinaus. Nach der

Begegnung mit ihm sagen sie: »Nicht mehr aufgrund deiner Aussage glauben wir, sondern weil wir ihn selbst gehört haben und nun wissen: Er ist wirklich der Retter der Welt« (Joh 4,42). Was Wahrheit als Ausdruck der Barmherzigkeit bewirken kann!

Jesu Hingabe für die Sünde

Das Geheimnis dieser Wirksamkeit ist die Bekehrung, das Aufbrechen der Herzen, und damit das Ende der Herzensverhärtung. Das ist die »Herzenszerknirschung«, wie die Apostelgeschichte diese Erfahrung nennt: »Als sie das hörten, traf es sie mitten ins Herz« (Apg 2,37), die spätere geistliche Tradition nennt das auf Griechisch *katanyxis*, auf Lateinisch *compunctio cordis*. Ohne eine solche Reue gibt es keine Öffnung zur Barmherzigkeit Gottes.

Was aber muss geschehen, damit das Herz sich der Barmherzigkeit öffnet? Und was geschieht, wenn die Verhärtung so groß wird, dass die Liebe sie nicht mehr erreicht? Hat die Bibel nicht immer wieder davon gesprochen, dass Gott selber die Herzen mancher Menschen verhärtet hat? Hat nicht, nach dem Buch Exodus, Gott das Herz des Pharao verhärtet? Und wie ist es mit denen, die Jesus verworfen, verurteilt und getötet haben? Sind sie einfach abzuschreiben, hoffnungslos verhärtet, verblendet oder einfach schrecklich unwissend?

Jesus selber beantwortet diese Frage, mit Worten, mehr noch mit Taten. In einem Gleichnis, das der Schlüssel für seine eigene Sicht seiner Sendung ist, beschreibt Jesus die Situation einer völligen Verhärtung des Herzens:

»Ein Mann legte einen Weinberg an, zog ringsherum einen Zaun, hob eine Kelter aus und baute einen Turm. Dann verpachtete er den Weinberg an Winzer und reiste in ein anderes Land. Als nun die Zeit dafür gekommen war, schickte er einen Knecht zu den Winzern, um bei ihnen seinen Anteil an den Früchten des Weinbergs holen zu lassen. Sie aber packten und prügelten ihn und jagten ihn mit leeren Händen fort. Darauf schickte er einen anderen Knecht zu ihnen; auch ihn misshandelten und beschimpften sie. Als er einen dritten schickte, brachten sie ihn um. Ähnlich ging es vielen anderen; die einen wurden geprügelt, die andern umgebracht. Schließlich blieb ihm nur noch einer: sein geliebter Sohn. Ihn sandte er als letzten zu ihnen, denn er dachte: Vor meinem Sohn werden sie Achtung haben. Die Winzer aber sagten zueinander: Das ist der Erbe. Auf, wir wollen ihn töten, dann gehört sein Erbgut uns. Und sie packten ihn und brachten ihn um und warfen ihn aus dem Weinberg hinaus. Was wird nun der Besitzer des Weinbergs tun? Er wird kommen und die Winzer töten und den Weinberg anderen geben. Habt ihr nicht das Schriftwort gelesen: Der Stein, den die Bauleute verworfen haben, er ist zum Eckstein geworden; das hat der Herr vollbracht, vor unseren Augen geschah dieses Wunder? Daraufhin hätten sie Jesus gern verhaften lassen; aber sie fürchteten die Menge. Denn sie hatten gemerkt, dass er mit diesem Gleichnis sie meinte. Da ließen sie ihn stehen und gingen weg.«

Markus 12,1–12

Es gibt kaum eine Stelle, an der Jesus so deutlich von seiner Identität und seiner Sendung spricht. Er ist der letzte der Boten Gottes, aber nicht irgendeiner, sondern »der geliebte Sohn«, der nach den Knechten geschickt wird. Was kann der Weinbergbesitzer noch tun? Was bleibt ihm nach dieser unfassbaren Tat noch übrig? Barmherzigkeit mit den Mördern seines Sohnes – das kann es doch nicht sein! So ist denn auch die Schlussfolgerung des Gleichnisses genau das, was jeder erwarten würde, eine Strafaktion gegen die brutalen Mörder der Knechte und des Sohnes: »Was wird nun der Weinbergbesitzer tun? Er wird kommen und die Winzer töten und den Weinberg anderen geben« (Mk 12,9).

Die Christen verstanden es oft so: Die Juden haben Jesus umgebracht und deshalb das Erbe verloren, es wurde den Heiden gegeben. Damit konnten Judenpogrome »entschuldigt« werden. Jesus aber hat genau so nicht gehandelt. Er wurde getötet. Aber er hat denen, die ihn getötet haben, sein Leben geschenkt. Er ist durch sie gestorben und hat sein Sterben für sie angenommen. Er hat statt der Rache die Barmherzigkeit gewählt. Das ist der Kern des christlichen Glaubens: Den Unbarmherzigen hat er Barmherzigkeit erwiesen, den Sündern verziehen, den Mördern die Strafe nicht auferlegt, sondern die Liebe geschenkt.

»Vater, vergib ihnen, denn sie wissen nicht, was sie tun« (Lk 23,34). Jesus ist durch die Herzenshärte der Menschen abgelehnt, verurteilt und getötet worden. Aber das war nicht das Ende. Er starb für uns, »als wir noch Feinde waren«, sagt Paulus. Was Jesus tat, war nichts anderes, als was Gott selber tat. Der Weinbergbesitzer stellt Gott dar, der seinem Volk Propheten und schließlich seinen Sohn sandte. »Vor meinem Sohn werden sie Achtung haben«, sagt er sich (Mk 12,6). Sie haben ihn getötet, doch er hat sich nicht gerächt. Der Tod Christi wurde zur Sühne für die Unbarmherzigkeit seiner Mörder.

Die Barmherzigkeit beginnt erst dort in vollem Maße, wo sie der Herzenshärte begegnet. Nur sie, nur die scheinbar ohnmächtige Barmherzigkeit kann die Versteinerung des Herzens lösen. Gott wollte nicht anders über unsere Unbarmherzigkeit siegen als durch das Übermaß seines Erbarmens mit uns, die wir in der Verhärtung der Herzen gefangen sind. Das hat der rechte Schächer erlebt (Lk 23,39–43). Jesu Leiden hat ihn bekehrt. Das hat den heidnischen Hauptmann erschüttert und zu dem Bekenntnis angesichts des am Kreuz Gestorbenen bewegt: »Wahrhaftig, dieser Mensch war Gottes Sohn« (Mk 15,39).

Nichts kann das Herz des Menschen, seinen Willen, tiefer bewegen als der Anblick der Selbstentäußerung Gottes, sagt einmal sinngemäß der heilige Maximus der Bekenner († um 662). Jesus sagt im Nachtgespräch zu Nikodemus: »So sehr hat Gott die Welt geliebt, dass er seinen einzigen Sohn hingab, damit jeder, der an ihn glaubt, nicht zugrunde geht, sondern das ewige Leben hat« (Joh 3,16).

Die Barmherzigkeit Gottes ist nicht die Folge unserer bereiten Herzen, sondern deren Ursache. Sie ist allem unserem Tun voraus. Werden wir dieser Vorgabe entsprechen und barmherzig sein, wie uns Barmherzigkeit widerfahren ist (vgl. Lk 6,36)?

V. Paulus als Zeuge und Missionar der Barmherzigkeit Gottes

Der erste Brief an Timotheus beginnt mit einem Wunsch, der sicher auch uns allen gilt: »Paulus, Apostel Christi Jesu durch den Auftrag Gottes, unseres Retters, und Christi Jesu, unserer Hoffnung, an Timotheus, seinen echten Sohn durch den Glauben. Gnade, Erbarmen und Friede von Gott, dem Vater, und Christus Jesus, unserem Herrn« (1 Tim 1,1–2). Dann schreibt Paulus über seine eigene Berufung:

»Einer ist Gott, Einer auch Mittler zwischen Gott und den Menschen: der Mensch Christus Jesus … Ich danke dem, der mir Kraft gegeben hat: Christus Jesus, unserem Herrn. Er hat mich für treu gehalten und in seinen Dienst genommen, obwohl ich ihn früher lästerte, verfolgte und verhöhnte. Aber ich habe Erbarmen gefunden, denn ich wusste in meinem Unglauben nicht, was ich tat. So übergroß war die Gnade unseres Herrn, die mir in Christus Jesus den Glauben und die Liebe schenkte. Das Wort ist glaubwürdig und wert, dass man es beherzigt: Christus Jesus ist in die Welt gekommen, um die Sünder zu retten. Von ihnen bin ich der Erste. Aber ich habe Erbarmen gefunden, damit Christus Jesus an mir als Erstem seine ganze Langmut beweisen kann, zum Vorbild für alle, die in Zukunft an ihn glauben, um das ewige Leben zu erlangen. Dem König der Ewigkeit, dem unvergänglichen, unsichtbaren, einzigen Gott, sei Ehre und Herrlichkeit in alle Ewigkeit. Amen.«

1 Timotheus 1,5.12–17

Paulus wünscht seinem Schüler Timotheus, und uns allen, dass wir dieselbe Erfahrung machen wie er, dass auch wir die Barmherzigkeit, das Erbarmen Gottes ans uns erfahren und dass Gott an uns seine Langmut beweisen kann, zum Vorbild für andere, so wie Paulus von sich sagt, er sei zum Vorbild für alle geworden, die in Zukunft an Christus glauben werden.

Paulus sieht sich als einer, der Erbarmen erfahren hat und deshalb davon Zeugnis geben kann. Das Zeugnis ist ganz persönlich und zugleich universal, weil es alle Menschen betrifft. »Das Wort ist glaubwürdig und wert, dass man es beherzigt: Christus Jesus ist in die Welt gekommen, um die Sünder [alle!] zu retten.« Und er fügt ganz persönlich hinzu: »Von ihnen [den Sündern] bin ich der Erste. Ich habe Erbarmen gefunden, damit Christus Jesus an mir als Erstem seine ganze Langmut beweisen konnte« (1 Tim 1,15–16).

Die Erfahrung des Paulus als Vorbild

Paulus' eigene Erfahrung ist »sozusagen ein Anschauungsunterricht für alle Menschen, damit alle Mut fassen, sich auf Gottes Barmherzigkeit einzulassen« (P. Norbert Baumert). Hören wir also auf das Zeugnis des Apostels Paulus, um Mut zu fassen, uns auf die Barmherzigkeit Gottes einzulassen. Wir haben das große Glück, von Paulus ein direktes Zeugnis zu haben. Wir kennen seine Briefe, und dort findet sich manch Autobiografisches. In der Apostelgeschichte haben wir das Zeugnis des heiligen Lukas, seines Begleiters.

Ich muss hier methodisch etwas vorwegschicken für die, die sich mit dem Studium der Bibelwissenschaften befasst haben. Manche werden verwundert sein, dass ich einfach aus dem ersten Timotheusbrief als Paulus-Zeugnis zitiere. Es gibt hier andere Sichtweisen. Manche Exegeten vertreten die Ansicht, dass die sogenannten Pastoralbriefe, die späten Briefe an die beiden Apostelschüler Timotheus und Titus, nicht von Paulus selber geschrieben seien, sondern ihm später in den Mund beziehungsweise gewissermaßen in die Feder gelegt wurden. Manche meinen, dass auch der Epheserbrief und der Kolosserbrief nicht direkt vom Apostel stammen, sondern von seinem Schülerkreis. Grundsätzlich ist das kein Problem für den Glauben, denn entscheidend ist, dass diese Schriften alle im Kanon der Heiligen Schrift stehen. Die Kirche erkennt in ihnen vom Heiligen Geist inspirierte verbindliche Worte, deshalb begrüßen und bedanken wir sie bei der Lesung im Gottesdienst als Wort Gottes. Der sichere Glaube der Kirche ist, dass diese Briefe authentische, echte Überlieferung des Wortes Gottes und für uns verbindlich sind. Es ist aber kein Dogma, ob diese Briefe wirklich von Paulus sind oder von seinen Schülern. Ich nehme mir persönlich schon seit langem die Freiheit, anzunehmen, dass sie von Paulus sind. Wenn jemand aus wissenschaftlichen Argumenten anderer Meinung ist, steht ihm das frei.

Paulus schreibt diese späten Briefen an Timotheus und Titus, während er im Gefängnis ist. Er weiß, dass die Zeit gekommen ist und sein Ende bevorsteht: »Ich habe den guten Kampf gekämpft, den Lauf vollendet, den Glauben bewahrt« (2 Tim 4,7). In dieser Situation hat er große Sorge um die Zukunft der Gemeinden. In der letzten Phase seines Lebens schaut er auf sein Werk, wie es in den Gemeinden weitergeht. Er gibt Weisungen, wie die Hirten zu handeln haben, wie sie auszuwählen sind, welche Aufgaben sie haben. Mich beeindruckt in diesen Briefen zutiefst, wie der Apostel hier die letzten Sorgen seines irdischen Weges den beiden geliebten Schülern anvertraut.

Paulus ist ergriffen worden

Gehen wir zur Berufung des Apostels zurück, zu dem Moment, wo Christus in sein Leben eintritt. Durch diese Begegnung ist sein Leben grundlegend verändert worden. Wir haben mehrere Berichte über dieses Ereignis. Wenn jemand eine intensive Glaubenserfahrung gemacht hat, erzählt er oft darüber und setzt jedes Mal ein bisschen andere Akzente, betont noch etwas Neues. In der Apostelgeschichte wird die Bekehrung dreimal erzählt. Im

Brief an die Gemeinden in Galatien berichtet er selber, wie er zu Christus gekommen ist:

»Ihr habt doch gehört, wie ich früher als gesetzestreuer Jude gelebt habe, und wisst, wie maßlos ich die Kirche Gottes verfolgte und zu vernichten suchte. In der Treue zum jüdischen Gesetz übertraf ich die meisten Altersgenossen in meinem Volk, und mit dem größten Eifer setzte ich mich für die Überlieferungen unserer Väter ein. Als aber Gott, der mich schon im Mutterleib auserwählt und durch seine Gnade berufen hat, mir in seiner Güte seinen Sohn offenbarte, damit ich ihn unter den Heiden verkündige, da zog ich keinen Menschen zu Rate; ich ging auch nicht sogleich nach Jerusalem hinauf zu denen, die vor mir Apostel waren, sondern ich zog mich nach Arabien zurück und kehrte dann wieder nach Damaskus zurück. Drei Jahre später ging ich nach Jerusalem hinauf, um Kephas kennenzulernen, und blieb fünfzehn Tage bei ihm. Von den anderen Aposteln habe ich keinen gesehen, nur Jakobus, den Bruder des Herrn. Was ich euch hier schreibe, Gott weiß, dass ich nicht lüge. Danach ging ich in das Gebiet von Syrien und Zilizien. Den Gemeinden Christi in Judäa aber blieb ich persönlich unbekannt, sie hörten nur: Er, der uns einst verfolgte, verkündigt jetzt den Glauben, den er früher vernichten wollte. Und sie lobten Gott um meinetwillen.«

Galater 1,13–24

Saulus war vor seiner Bekehrung zum Apostel Paulus kein tief in Sünden verstrickter Mensch, sondern ein glaubenseifriger, vorbildlicher Jude. Er schreibt: »Ich wurde am achten Tag beschnitten, bin aus dem Volk Israel, vom Stamm Benjamin, ein Hebräer von Hebräern, lebte als Pharisäer nach dem Gesetz, verfolgte voll Eifer die Kirche und war untadelig in der Gerechtigkeit, wie sie das Gesetz vorschreibt« (Phil 3,5–6).

Was war seine Bekehrung? Wieso schreibt er später, am Ende seines Lebens, er habe »Barmherzigkeit erfahren«? Was ist für Paulus »Barmherzigkeit«? Das lässt sich einfach zusammenfassen: Jesus, der Christus. Gottes Sohn ist für ihn die Erfahrung der Barmherzigkeit. Seit er ihm begegnet ist, ihn erkannt hat, ist sein Leben ein grundlegend anderes geworden. Ihm begegnet zu sein, ist der Neubeginn in seinem Leben.

Nun weiß der Apostel, dass das nicht seine Leistung ist. Er hat es nicht verdient, nicht »er-studiert« und ist auch nicht durch das Werk von christlichen Missionaren gläubig geworden, sondern allein durch die Barmherzigkeit Gottes selbst. Wie sehr muss Paulus das immer wieder betonen! Ich zitiere den Anfang des Galaterbriefes: »Paulus, Apostel, nicht von Menschen, auch nicht durch einen Menschen, sondern durch Jesus Christus und Gott, den Vater, der ihn von den Toten auferweckt hat« (Gal 1,1). Energisch und entschieden sagt er: »Ich erkläre euch, Brüder: Das Evangelium, das ich verkündigt habe, stammt nicht von Menschen. Ich habe es ja nicht von einem Menschen übernommen oder gelernt, sondern durch die Offenbarung Jesu Christi empfangen« (Gal 1,12). Die entscheidende Wende im Leben des Apostels war das, was er

»Offenbarung« nennt: »Gott selbst hat mir seinen Sohn offenbart« (Gal 1,16).

Das erinnert an eine Stelle aus dem Matthäusevangelium. Als Petrus zu Christus sagt: »Du bist der Christus, der Sohn des lebendigen Gottes«, da antwortet Jesus: »Selig bist du, Simon Bar Jona, denn nicht Fleisch und Blut haben dir das offenbart, sondern mein Vater, der im Himmel ist« (Mt 16,17). Ähnlich sagt Paulus, er habe »nicht Fleisch und Blut« zu Rate gezogen, sondern sei in die Einsamkeit nach Arabien gegangen. Es ist nicht Fleisch und Blut, nicht menschliche Weisheit, nicht menschliche Klugheit, sondern eine Offenbarung Gottes. Paulus hat durch die Selbstmitteilung Gottes, durch die Offenbarung erkannt, dass Jesus der Christus ist.

Ich hatte in meiner Studienzeit in Frankreich einen Dominikanerprofessor für Neues Testament, jüdischer Herkunft, François Dreyfus († 1999). Er hat einmal im Blick auf seine eigene Bekehrung seinen Weg zu Jesus als dem Messias Israels und dem Sohn des lebendigen Gottes gesagt: »Man muss auf seinem geistlichen Weg schon dasselbe erleben wie ein heiliger Paulus, um die enorme Schwierigkeit ermessen zu können, die der Glaube an das Mysterium der Inkarnation für einen gläubigen Juden darstellt.«[5] Was muss Paulus für ein inneres Hindernis überwunden haben, um sagen zu können: »Ich glaube an Gott, den Vater und den einen Herrn Jesus

Christus«, ohne mit dem Glauben an den einen Gott in Schwierigkeiten zu geraten.

Dass Jesus der Sohn Gottes ist, konnte Paulus sich nicht selber ausdenken. Als er ihn aber erkannt hatte, war klar: Es gibt für ihn nur eine Mitte in seinem Leben: Christus. So radikal seine Verfolgung der Kirche war – zweimal sagt er, er wollte sie vernichten (Gal 1,13.23) –, so radikal war seine Zuwendung zu Christus von diesem Moment an. Jesus war von jetzt an die Mitte seines Lebens. Immer wieder kommt er in seinen Briefen darauf zurück. Das ist der ganze Inhalt, die Freude und Dynamik seines Lebens. Im Brief an die Gemeinde von Philippi finden sich überschwängliche Worte:

»Doch was mir damals ein Gewinn war, das habe ich um Christi Willen als Verlust erkannt. Ja noch mehr: ich sehe alles als Verlust an, weil die Erkenntnis Christi Jesu, meines Herrn, alles übertrifft. Seinetwegen habe ich alles aufgegeben und halte es für Unrat, um Christus zu gewinnen und in ihm zu sein … Christus will ich erkennen und die Macht seiner Auferstehung und die Gemeinschaft mit seinem Leiden; sein Tod soll mich prägen. So hoffe ich, auch zur Auferstehung von den Toten zu gelangen. Nicht, dass ich es schon erreicht hätte oder dass ich schon vollendet wäre. Aber ich strebe danach, es zu ergreifen, weil auch ich von Christus Jesus ergriffen worden bin.«

Philipper 3,7–12

Mit der Erkenntnis Christi verglichen ist alles andere »Kehricht«, »Unrat«. Diese Erkenntnis ist nicht nur eine Sache des Verstandes, obwohl der eine

Rolle dabei spielt. Diese Erkenntnis erfasst Paulus ganz. Von jetzt an will er »in Christus sein«. Er ist von Christus ergriffen, Christus lebt in ihm und er in Christus. Im Galaterbrief sagt er das mit eindringlichen Worten: »Ich bin mit Christus gekreuzigt worden, nicht mehr ich lebe, sondern Christus lebt in mir. Soweit ich aber jetzt noch in dieser Welt lebe, lebe ich im Glauben an den Sohn Gottes, der mich geliebt und sich für mich hingegeben hat« (Gal 2,19–20).

Paulus hat Jesus wahrscheinlich nicht persönlich erlebt, obwohl es vielleicht in Jerusalem möglich gewesen wäre. Aber er hat sicher von ihm gehört, und wie die Mehrheit der religiösen Elite hat er ihn als einen falschen Propheten abgelehnt. Sein Lehrer Gamaliel dagegen hat den Rat gegeben: Wenn die Sache von Menschen ist, wird sie von selber zusammenbrechen, wenn sie von Gott ist, dann wollen wir nicht gegen sie kämpfen (vgl. Apg 5,38–39). Paulus verfolgt entschieden die neue Lehre und ist daher gegen ihren Gründer, gegen Jesus. Für ihn ist klar, dass diese Lehre nicht von Gott kommen kann, bis zu dem Tag, da ihn der Urheber dieser Lehre selber anspricht: »Saul, Saul, warum verfolgst du mich?« – »Wer bist du, Herr?« – »Ich bin Jesus, den du verfolgst« (Apg 9,4ff). Jesus ist der eigentlich Verfolgte.

Das ist bis heute so. Die Kirche wird immer wieder verfolgt wie damals von Paulus. Sie wird oft kritisiert, und es gibt immer wieder Gründe, sie zu kritisieren, ihr auch Vorwürfe zu machen. Aber oft wird sie und werden Christen um des Glaubens willen verfolgt. Jesus sagt: »Saul, Saul, warum verfolgst du mich?« (Apg 9,4; 22,7; 26,14), und das gilt bis heute.

Eine unübertreffliche Gewissheit ergreift Paulus: »Er hat mich geliebt und sich für mich hingegeben«, nicht aus abstrakter Liebe zur Menschheit. Sondern es geht ganz direkt um mich. Weil er mich persönlich geliebt hat, hat er sich für mich hingegeben. Das ist die Liebe Christi, »die alle Erkenntnis übersteigt« (Eph 3,19). Sie gilt gerade ihm, dem geringsten unter den Aposteln, der von sich sagt: »Ich bin nicht wert, Apostel genannt zu werden, weil ich die Kirche Gottes verfolgt habe« (1 Kor 15,9).

Berufung ist nicht Privatsache

Diese persönliche, einmalige Erfahrung der Zuwendung Gottes an Paulus ist keine private Angelegenheit. Glaube und Religion sind etwas ganz Persönliches, aber nicht Privatsache. Sie betreffen immer auch die anderen, uns als Gemeinschaftswesen. Es gilt auch für unsere Situation heute, diesen Unterschied zwischen persönlich und privat zu beachten. Paulus hat Christus ganz persönlich erfahren, aber nicht für sich alleine, sondern wie er sagt: »damit ich ihn den Heiden verkünde«, also um gesendet zu werden. Was Paulus hier für sich sagt, sagt er ein anderes Mal für die ganze Kirche: »Christus hat sie wie eine Braut geliebt und sich für sie hingegeben« (Eph 5,25). Christus liebt die Kirche, auch heute, so wie sie ist, auch wenn manches Menschliche in der Kirche schmerzhaft ist. Das gilt letztlich für alle Menschen. Wie Gott mit Paulus Erbarmen gehabt hat, so will er, »dass alle Menschen gerettet werden und zur Erkenntnis der Wahrheit gelangen« (1 Tim 2,4). Gott will die Rettung für alle Menschen, indem sie selbst die Wahrheit erkennen.

In diesem Willen Gottes sieht Paulus die tiefste Quelle der göttlichen Barmherzigkeit. Paulus weiß sich eingebunden in den großen Plan Gottes. Er hat in seiner Berufung entdeckt, dass Gott für ihn in diesem »Gnadenplan« eine wichtige Rolle vorgesehen hat, ja er selbst zum Werkzeug dieses Plans geworden ist. Gott führt die Geschichte auf Wegen, die für uns oft unbegreiflich sind.

Dazu gibt es bei Paulus einige bedeutungsvolle Texte, die manchen aus dem Stundengebet vertraut sind. Der Hymnus aus dem Epheserbrief (Eph 1,3–10) wird am Montag in der Vesper gebetet wird, am Mittwoch der Hymnus aus dem Kolosserbrief (Kol 1,12–20), und am Samstag, als Vorabend zum Sonntag, der Hymnus aus dem Philipperbrief (Phil 2,6–11). Vermutlich sind es Lieder und Gesänge, die die frühe Kirche schon gesungen hat. Paulus hat sie vielleicht schon vorgefunden und bringt sie auf wunderbare Weise in seine Briefe ein, ja »singt sie vor«.

Sie beginnen meistens wie das typische jüdische Gebet mit einer *Broche*, einer Segnung und Preisung *(vgl. dazu Wovon wir leben können, Freiburg i. Br. 2005, S. 17–25)*. So heißt es etwa im Epheserbrief:

»Gepriesen sei der Gott und Vater unseres Herrn Jesus Christus: / Er hat uns mit allem Segen seines Geistes gesegnet / durch unsere Gemeinschaft mit Christus im Himmel.
Denn in ihm hat er uns erwählt vor der Erschaffung der Welt, / damit wir heilig und untadelig leben vor Gott;
Er hat uns aus Liebe im Voraus dazu bestimmt, / seine Söhne zu werden durch Jesus Christus / und nach seinem gnädigen Willen zu ihm zu gelangen,
zum Lob seiner herrlichen Gnade. / Er hat sie uns geschenkt in seinem geliebten Sohn;
durch sein Blut haben wir die Erlösung; / die Vergebung der Sünden nach dem Reichtum seiner Gnade.
Durch sie hat er uns mit aller Weisheit und Einsicht reich beschenkt
und hat uns das Geheimnis seines Willens kundgetan, / wie er es gnädig im Voraus bestimmt hat: …
die Fülle der Zeiten heraufzuführen, / in Christus alles zu vereinen, alles, was im Himmel und auf Erden ist.«

Epheser 1,3–10

Was Paulus bei seiner Bekehrung widerfahren ist, dass Christus ihn erwählt, gerufen, gesegnet hat, ist keine Ausnahme, sondern das, was Gott uns allen zugedacht hat. Darum heißt es in diesen Hymnen ständig »wir«. Er hat *uns* erwählt, *uns* mit allem Segen seines Geistes gesegnet, *uns* in Liebe vorausbestimmt, seine Söhne zu werden, um zu ihm zu gelangen. Er hat *uns* durch sein Blut Erlösung geschenkt, *uns* das Geheimnis seines Willens kundgetan. Aber wer sind »wir« in diesen Hymnen? Ist das eine kleine Schar von Erwählten oder Erleuchteten aus der großen »Masse der Verlorenen« *(massa damnata)?* Wer sind wir in diesen Texten? Paulus spricht zweifellos die Gläubigen an, die wie er die Gnade der Christusbegegnung hatten. Das ist ein großes Geschenk. Es ist das »Wir« der Kirche, das aber nicht abgeschlossen ist. Es ist nicht ein isoliertes »Wir«, sondern eines der Berufung und Sendung.

So wie Paulus die Gnade bekommen hat, um Apostel der Heiden zu sein, so haben wir die Gnade des Glaubens bekommen, um Zeugen zu sein. Das ist der Heilsplan Gottes. Der Apostel bezeichnet das mit dem Wort *eudokia*, mit demselben Wort, das die Engel zu Weihnachten verwenden, wenn sie »die Menschen seines Wohlgefallens« besingen. Eudokia ist »der gnädige Ratschluss Gottes«, der alle Menschen umfasst. Alle Menschen aller Zeiten sind im Ratschluss Gottes angesprochen, und Gott will, dass alle gerettet werden. Deshalb heißt es in diesem Hymnus, Gott will »alles in Christus wieder unter ein Haupt zusammenzufassen« *(anakephalaiosasthai),* alles in Christus wieder vereinen, das Himmlische und das Irdische (Eph 1,9–10). Im Lateinischen heißt es: *»omnia in Christo instaurare«* – »alles in Christus erneuern«. Papst Pius XI. († 1939) hat dieses Wort gewählt, um das missionarische Ziel der Kirche auszudrücken. Es war auch das Motto der »katholischen Aktion« in ihren Anfängen. Wir müssen es heute dringend neu bedenken.

Wagen wir das zu glauben? Wagen wir diese gewaltige Perspektive des Apostel Paulus wirklich im Herzen zu tragen, dass Christus alles unter das Haupt zusammenfassen will? Sehen wir Christus als das Haupt der Menschheit, als die Mitte der Geschichte? Es ist nicht leicht, das anzunehmen. Im Jahr 2000 hat die Glaubenskongregation, damals unter Kardinal Joseph Ratzinger, ein Dokument veröffentlicht, das viele Diskussionen ausgelöst hat, es heißt *Dominus Iesus* und handelt von der Einzigkeit Christi und der Einzigkeit der Kirche. Das ist immer wieder Anstoß und Ärgernis. Ich kann verstehen, dass manche Theologen besonders in Asien damit Schwierigkeiten haben. Kann man wirklich sagen, dass Christus der einzige Mittler ist, wo in ganz Asien nur drei Prozent Christen sind? Haben die übrigen 97 Prozent keine Heilswege? Ist nur Christus der Heilsmittler? Ist das nicht ein Maximalanspruch für eine Minorität, wie sie die Christen in Asien sind? Aber vergessen wir nicht, dass dies zu einer Zeit geschrieben wurde, als die Juden eine kleine und die Christen noch eine viel kleinere Minderheit waren. So wenige haben so gewaltige Worte gesungen.

Im Kolosserbrief (1,12–20) zeigt sich wieder die gewaltige Schau einer kleinen Schar, einer winzigen Minorität. Waren sie größenwahnsinnig, oder waren sie die Träger einer großen Hoffnung, die allen Menschen zugedacht ist? »Alles im Himmel und auf Erden wollte er zu Christus führen.« – Universaler kann Christus nicht mehr gesehen werden: »Alles ist in ihm, durch ihn, auf ihn hin geschaffen. Alles hat in ihm Bestand.« Er ist »das Herz der Welt«, das Alpha und Omega des Kosmos. Wir können das nicht ernst, nicht wörtlich genug nehmen. Es ist keine fromme Bildrede: »Er trägt das All durch sein machtvolles Wort« (Hebr 1,3).

Das Kreuz ist die Mitte

Diese gewaltige Sicht wird von Paulus auf einen Punkt hingeführt: Christus ist untrennbar vom Kreuz. Dort findet Paulus die Mitte. Er selber hat erfahren, dass Christus im Kreuz zu finden ist. Der Weg, auf dem die Barmherzigkeit Gottes zu allen Menschen kommt, ist das Kreuz. Es ist im Heilsplan Gottes zentral. Nirgends kommt das tiefer zum Ausdruck als im Hymnus des Philipperbriefes:

»Er war Gott gleich, / hielt aber nicht daran fest, wie Gott zu sein,
sondern er entäußerte sich / und wurde wie ein Sklave / und den Menschen gleich. / Sein Leben war das eines Menschen;
er erniedrigte sich / und war gehorsam bis zum Tod, / bis zum Tod am Kreuz.

Darum hat ihn Gott über alle überhöht / und ihm den Namen verliehen, / der größer ist als alle Namen,
damit alle im Himmel, auf der Erde und unter der Erde / ihre Knie beugen vor dem Namen Jesu
und jeder Mund bekennt: / ›Jesus Christus ist der Herr‹ – / zur Ehre Gottes, des Vaters.«

Philipper 2,5–11

Etwa zehn Jahre nach Jesu Tod am Kreuz wird in einer christlichen Gemeinde im Gottesdienst ein Lied gesungen, das unzweifelhaft Jesus als Gott gleich feiert (»Er war Gott gleich«, das heißt in Gottesgestalt). Er ist Mensch geworden, indem er sich selbst entäußert, Knechtsgestalt, ein Menschsein angenommen hat, uns gleich. Sein Weg ging hinab bis zum Äußersten der Erniedrigung, in Gehorsam ging er bis zum Tod am Kreuz. Deshalb wird sich vor ihm jedes Knie beugen, ohne Ausnahme, und werden alle ihn als den *Kyrios,* den Herrn bekennen, »zur Ehre Gottes, des Vaters«.

Jesus hat von Gott »den Namen über allen Namen« erhalten, das heißt den Gottesnamen selbst. Jesus, der sich im Gehorsam bis zum Tod am Kreuz gedemütigt hat, ist Gott. Sein Name ist Gottes heiligster Name. Das ist vom ersten Moment der Bekehrung an die große Erkenntnis des Paulus: Gott hat seinen Sohn in Christus offenbart (Gal 1,16). Deshalb ist er der einzige Mittler (vgl. 1 Tim 1,9). Aber noch einmal: diese Erkenntnis ist alles eher als abstrakt. Sie bewirkt in Paulus das tiefe Verlangen, immer mehr Christus gleichgestaltet zu werden, nur mehr ihn zu kennen und zu lieben: »Christus will ich erkennen und die Macht seiner Auferstehung und die Gemeinschaft mit seinem Leiden« (Phil 3,10). Paulus will auch dem Tod Christi »gleichgestaltet« werden (ebenda). Er will ganz von Christus geprägt werden. Christi Leben und Leiden soll seines werden, damit er auch an der Auferstehung Christi teilhaben wird können. Christus selber ist auch das Modell des Verhaltens der Christen untereinander, nach dem das Leben der Christen von innen her geformt wird.

So leitet Paulus den Philipperhymnus mit den Worten ein: »Seid untereinander so gesinnt, wie es dem Leben in Christus Jesus entspricht«, wörtlich: »solche Gesinnung habt untereinander, wie sie auch in Christus Jesus war« (Phil 2,5). Die Gesinnung, die in Christus war, war im Apostel besonders tief ausgeprägt. Wie in einem »Anschauungsunterricht« konnten die Gläubigen die Barmherzigkeit Gottes von Christus lernen. Es ist kein Mangel an Demut, wenn Paulus den Gläubigen immer wieder sagt, sie sollen sich ihn selbst zum Vorbild nehmen, wie er sich Christus zum Vorbild genommen hat: »Ahmt mich nach, wie ich selber Christi Nachahmer geworden bin« (1 Kor 11,1). Wenn Christus unser Bruder geworden ist, dann sind die Beziehungen untereinander von ihm geprägt, von der herzlichen Liebe, die Paulus umfängt, seit er Christus begegnet ist.

P. Norbert Baumert SJ weist darauf hin, wie sehr der Apostel Paulus im Umgang mit seinen Gemeinden von seiner eigenen Erfahrung der Barmherzigkeit Gottes geprägt ist *(vgl. N. Baumert, Frau und Mann bei Paulus. Überwindung eines Missverständnisses, Würzburg 1992)*. Im Brief an die Philipper heißt es: »Gott ist mein Zeuge, wie sehr ich mich nach euch allen sehne mit der herzlichen Liebe Christi Jesu« (Phil 1, 8). Wörtlich heißt es: »in den Eingeweiden *(en splanchnois)* Jesu Christi«. Die (mütterliche) Liebe Christi ist in Paulus wirksam.[6] So zögert er auch nicht, seine barmherzige Liebe zu den Gemeinden mit dem Bild der mütterlichen Liebe auszudrücken: »Denn ich liebe euch mit der Eifersucht Gottes. Ich habe euch einem einzigen Mann verlobt, um euch als reine Jungfrau zu Christus zu führen« (2 Kor 11, 2).

P. Baumert kommentiert: »Wenn ein Mann einer Gruppe von Männern und Frauen gegenüber eine solche Sprache wagt, zeugt das nicht nur von einer Zartheit und Tiefe der Empfindung, sondern auch von einer großen inneren Freiheit. Sie ist nur aus der Innigkeit tiefer geistlicher Erfahrung zu verstehen (sonst wäre sie unerträglich und platt), zeigt aber dann, dass der Schreiber menschliche Gefühle wie warme väterlich-mütterliche Zuneigung nicht verdrängt, sondern geistlich integriert hat« (vgl. 1 Thess 2, 4–8).[7]

Im Galaterbrief schreibt Paulus von seinen »Kindern, für die ich von Neuem Geburtswehen erleide, bis Christus in euch Gestalt annimmt« (Gal 4,19). Dabei steht das hebräische Wort »*Rachamim*, der Mutterschoß, als Hinweis auf das Erbarmen Gottes im Hintergrund. Gott wird hier dichterisch verstanden als schwanger, in Geburtswehen liegend, als eine Mutter, die ein Kind gebiert und stillt. »›Geburtswehen‹ sind für einen Mann ein ungewöhnliches Bild; es zeigt etwas von der Lebendigkeit und inneren Freiheit des Paulus.«[8]

Die Liebe des Paulus zur Gemeinde von Korinth, um die er so viel Sorge hat, Kummer aber auch Freude, geht so weit, dass er sagt: »Ahmt mich nach, wie ich Christi Nachahmer geworden bin« (1 Kor 11,1). »Die Erlösung aller seiner Gefühle ist somit die vitale Konsequenz aus der Tatsache, dass Paulus sich bereits jetzt hineingenommen weiß in das Auferstehungsleben Christi (vgl. Röm 6,3–11).«[9]

Paulus versteht seine Beziehung zu den Gemeinden wie die Beziehungen der Glieder des »Leibes Christi« untereinander nach dem Vorbild familiärer Verbindungen. Die Mitglieder der Gemeinde sind ihm Brüder und Schwestern. Wenn er für sich die »Vaterrolle« beansprucht, dann tut er das nicht paternalistisch, sondern betont damit eine Verantwortung, die er selbst vor Gott trägt: »Nicht um euch bloßzustellen, schreibe ich das, sondern um euch als meine geliebten Kinder zu ermahnen. Hättet ihr nämlich auch ungezählte Erzieher in Christus, so doch nicht viele Väter. Denn in Christus Jesus bin ich durch das Evangelium euer Vater geworden« (1 Kor 4,14–15). Was für die Gemeinde als Ganze gilt, dass Paulus für sie Vater ist, kann auch für die Einzelnen gelten. In dem berührenden Brieflein an Philemon sagt Paulus, er sei dem entlaufenen Sklaven des Philemon namens Onesimus Vater geworden, weil Onesimus durch ihn Christ geworden ist. Deshalb soll ihn Philemon auch wie einen Bruder behandeln:

»Ich, Paulus, ein alter Mann, der jetzt für Christus Jesus im Kerker liegt, ich bitte dich für mein Kind Onesimus, dem ich im Gefängnis zum Vater geworden bin … Ich schicke ihn dir zurück, ihn, das bedeutet mein eigenes Herz … nicht mehr als Sklaven, sondern als weit mehr: als geliebten Bruder … Das ist er auf jeden Fall für mich, um wie viel mehr dann für dich, als Mensch und auch vor dem Herrn.«

Philemon 9.10.12.16

Paulus bringt sich ganz und gar mit einer »geistlichen Autorität« ein, die aber nicht mit autoritären Machtstrukturen verbunden ist. Das zeigt sich deutlich, wenn er für diese Beziehung mütterliche Bilder verwendet: »Vor euch konnte ich aber nicht wie vor Geisterfüllten reden; ihr wart noch irdisch eingestellt, unmündige Kinder in Christus. Milch gab ich euch zu trinken statt fester Speise; denn diese konntet ihr noch nicht vertragen. Ihr könnt es aber auch jetzt noch nicht« (1 Kor 3,1–2).[10] Paulus liebt die Gemeinde mit der eifersüchtigen Liebe Gottes und umwirbt sie, um sie Christus ganz rein und ungeteilt zuzuführen.

Schon früher hat sich gezeigt, dass die Barmherzigkeit Gottes in der Sprache der Bibel zwei Dimensionen hat, die im Hebräischen mit den Worten *rachamim* und *chesed* benannt werden. Etwas vereinfachend kann darin die mütterliche und die väterliche Seite der Barmherzigkeit, das Bergende des Mutterschoßes sowie das Feste und Treue der Vaterliebe gesehen werden. Beide Dimensionen kommen auch im Leben des Apostels zum Ausdruck. Und er zögert nicht, uns aufzufordern, ihn darin zum Vorbild zu nehmen.

Paulus hat Barmherzigkeit erfahren. Im Licht dieser Erfahrung sieht er sich als der Erste unter den Sündern (1 Tim 1,15). Erst im Erahnen des Übermaßes an Barmherzigkeit wird ihm das ganze Drama der Sünde bewusst. Norbert Baumert hat notiert:

»Die tiefste Not des Menschen ist seine Verfallenheit an die Sünde. Dies ist die Wurzel allen Übels. Darum sieht Paulus, wie Gott in seiner Barmherzigkeit dort mit der Rettung des Menschen beginnt. ›In seiner Barmherzigkeit hat Gott uns gerettet durch ein Bad, in dem wir wiedergeboren werden‹ (Tit 3,5). Dieses Rettungsangebot Gottes an alle Menschen nahm seinen Anfang mit der Erwählung Israels; Paulus bezeichnet das Volk Gottes, sein Volk, als ›Empfänger und Träger der Barmherzigkeit‹ (Röm 9,23) für alle Menschen! Durch sie werden dann alle Völker gesegnet, so dass ›die Völker Gott preisen und verherrlichen für seine Barmherzigkeit‹ (Röm 15,9)! Paulus muss das tief erfasst haben, so dass er ausruft: ›Gott, reich an Barmherzigkeit, hat uns mit Christus lebendig gemacht!‹ (Eph 2,4). Darin zeigt sich grundlegend die Barmherzigkeit Gottes, dass er uns neues Leben schenkt.«[11]

VI. Das Sakrament der Barmherzigkeit

Im zweiten Korintherbrief ist ein bewegender Aufruf an die Gemeinde von Korinth zu lesen:

»Ja, Gott war es, der in Christus die Welt mit sich versöhnt hat, indem er den Menschen ihre Verfehlungen nicht anrechnete und uns das Wort von der Versöhnung (zur Verkündigung) anvertraute. Wir sind also Gesandte an Christi statt, und Gott ist es, der durch uns mahnt. Wir bitten an Christi statt: Lasst euch mit Gott versöhnen! Er hat den, der keine Sünde kannte, für uns zur Sünde gemacht, damit wir in ihm Gerechtigkeit Gottes würden.«

2 Korinther 5,19–21

Es gibt viele Wege der Versöhnung, aber einen hat die Kirche besonders empfohlen, vor allem in der Buß- und Fastenzeit: das »Sakrament der Versöhnung«, das Bußsakrament, die Beichte. »Wir alle müssen unsere Sünden dem Priester beichten«, schreibt der heilige Franz von Assisi († 1224) in seinem »Brief an die Gläubigen« und richtet diese Ermahnung an »alle religiös lebenden Christen, Kleriker und Laien, Männer und Frauen, die in der ganzen Welt wohnen«. Dadurch wünscht er ihnen »den wahren Frieden vom Himmel«.[12]

Müssen wir alle beichten? Tatsächlich tun es heutzutage nur wenige. Das Bußsakrament gehört zu jenen Sakramenten, die aus der Übung gekommen und fremd geworden sind. Welcher Priester wird in der Fastenzeit stundenlang im Beichtstuhl sitzen müssen oder dürfen? »Beichtpriester« sind rar. Das muss nicht so bleiben. Dass die Beichte aus der Übung kam, hat viele Gründe. Einige werde ich nennen. Aber ich hoffe und bin zuversichtlich, dass das Bußsakrament eine Zukunft hat und wieder neu entdeckt wird. Das wird in dem Maß geschehen, wie wir das Evangelium von der Barmherzigkeit neu entdecken. In dem Maß, wie es die Menschen erreicht, wird auch der Zugang zum Bußsakrament wieder offenstehen.

Zur Neuentdeckung des Bußsakraments können die »Privatoffenbarungen« von Schwester Faustyna beitragen. Privatoffenbarungen sind nicht Glaubensgegenstand, sind nicht Teil der Offenbarung Jesu Christi. Diese ist abgeschlossen, vollkommen und vollständig. Privatoffenbarungen ergänzen oder vervollständigen die Offenbarung Jesu nicht. Das wäre widersinnig. Sie haben die Aufgabe, die Offenbarung Christi zu aktualisieren, sie in ihrer Bedeutung für heute besser verstehbar zu machen.[13] »Die von der Kirche anerkannten Privatoffenbarungen bieten wichtige Lebenshilfen für die Umsetzung des Evangeliums in die heutige Zeit.«[14]

Das Tribunal der Barmherzigkeit

Ein Text im Tagebuch der Schwester Faustyna ist sehr eindrucksvoll. Es ist ein Gespräch einer sündigen und verzweifelten Seele mit Gott:

Jesus: »Sündige Seele, fürchte Deinen Erlöser nicht. Ich komme als Erster zu dir, denn Ich weiß, dass du aus dir selbst nicht fähig bist, dich zu Mir zu erheben. Kind, fliehe nicht vor deinem Vater, beginne ein Gespräch ganz allein mit deinem Gott der Barmherzigkeit, der dir selbst Seine Worte der Vergebung sagt und dich mit Seinen Gnaden überschütten will. O wie wertvoll ist Mir deine Seele. Ich habe dich in meine Hände eingeschrieben und du hast dich mit einer tiefen Wunde in Mein Herz geprägt.«

Seele: »Herr, ich höre Deine Stimme, die mich vom falschen Weg zur Umkehr ruft, aber ich habe weder Mut noch Kraft.«

Jesus: »Ich bin deine Kraft. Ich will dir Stärke geben zum Kampf.«

Seele: »Herr, ich erkenne Deine Heiligkeit und fürchte mich vor Dir.«

Jesus: »Weshalb fürchtest du dich, Mein Kind, vor dem Gott der Barmherzigkeit? Meine Heiligkeit hindert Mich nicht, dir gegenüber barmherzig zu sein. Siehe, Seele, für dich habe ich den Thron der Barmherzigkeit auf Erden gegründet, dieser Thron ist der Tabernakel – und von ihm will Ich herabsteigen in dein Herz. Siehe, Ich habe Mich weder mit einem Gefolge noch mit Wächtern umgeben. Du hast zu jeder Zeit Zutritt zu Mir. Ich will zu jeder Tageszeit mit dir reden und dir Gnaden schenken.«

Seele: »Herr, ich befürchte, dass Du mir die große Sündenzahl nicht vergeben wirst; mein Elend erfüllt mich mit Bangen.«

Jesus: »Meine Barmherzigkeit ist größer als dein Elend und das Elend der ganzen Welt. Wer kann Meine Güte ermessen? Für dich bin Ich vom Himmel auf die Erde herabgekommen; für dich habe Ich mich an das Kreuz nageln lassen; für dich ließ Ich mit der Lanze Mein Heiligstes Herz öffnen und somit öffnete ich für dich die Quelle der Barmherzigkeit. Komme und schöpfe mit dem Gefäß des Vertrauens Gnaden aus dieser Quelle. Ein demütiges Herz weise ich niemals zurück. Dein Elend versank im Abgrund Meiner Barmherzigkeit. Weshalb solltest du um dein Elend mit Mir streiten? Komme Mir entgegen und gib Mir alle deine Not und dein Elend und Ich werde dich mit Meinen Schätzen erfüllen.«

Seele: »Herr, Du hast mit Deiner Güte mein steinernes Herz besiegt. Voll Vertrauen und Demut komme ich zum Tribunal Deiner Barmherzigkeit. Erteile mir durch die Hand Deines Stellvertreters Nachlass der Sünden. O Herr, ich fühle, wie Gnade und Friede über meine arme Seele herabfließen. Ich fühle, Herr, wie mich Deine Barmherzigkeit umfängt und durchdringt. Du hast mir mehr verziehen, als ich zu erwarten wagte und zu denken vermochte. Deine Güte überstieg alle meine Wünsche. Jetzt aber, von Dank erfüllt, für die vielen Gnaden, lade ich Dich ein in mein Herz. Ich irrte umher, wie ein verlorenes Kind, das auf Abwege geriet, aber Du bist mir Vater geblieben. Vervielfache in mir Deine Barmherzigkeit, denn Du siehst, wie schwach ich bin.«

Jesus: »Kind, sprich nicht mehr von deinem Elend, denn Ich habe es schon vergessen. Höre, Mein Kind, was Ich dir zu sagen habe: Schmiege dich an Meine Wunden und schöpfe aus der Quelle des Lebens alles, was dein Herz begehrt. Trinke üppig aus der Quelle des Lebens und du bleibst während der Reise nicht stecken. Schaue den Glanz Meiner Barmherzigkeit und fürchte die Feinde deiner Erlösung nicht. Preise Meine Barmherzigkeit.«

Schwester Faustyna, Tagebuch 1485.

Schwester Faustyna schreibt oft über die Beichte. Sie nennt sie immer wieder das »Tribunal der Barmherzigkeit«. Sie schreibt einmal, dass Jesus ihr sagt: »Bete für diese Seelen, damit sie sich nicht ängstigen, zum Tribunal Meiner Barmherzigkeit zu kommen« *(Tagebuch 975)*. Es ist ein widersprüchlicher Ausdruck. Hat man die Beichte bei uns wirklich als »Tribunal der Barmherzigkeit« erlebt? Ist das weitgehende Verschwinden der Bußpraxis nicht auch darauf zurückzuführen, dass viele Menschen die Beichte als Zwang erlebt haben, nicht als einen Ort der Barmherzigkeit, sondern der Kontrolle, als Versuch, die Gewissen zu steuern und die Menschen zu entmündigen?

Erfahrungen mit der Beichte

Vielleicht bin ich selbst besonders privilegiert. Ich hatte das Glück, von meiner Jugend an gute Beichterfahrungen gemacht zu haben. Da war zum Beispiel der Kaplan (der »Frühmesser«). Er hatte einen strengen, eher kargen und abweisenden Charakter. Aber wenn man zu ihm beichten ging, war er wie ausgetauscht, ein Mensch voller Güte und Barmherzigkeit. Ich konnte in jungen Jahren erfahren, dass in der Beichte Jesus selbst zu uns kommt und der Priester ihn nur vertritt. Bei unserem Pfarrer, der die Güte und die Liebe in Person war, war das offenkundig. Er war humorvoll und wurde von seiner Gemeinde innig geliebt. Mein Religionslehrer schließlich war ein begnadeter Pädagoge, der für mich vom zehnten bis zum vierzehnten Lebensjahr so etwas wie ein »geistlicher Begleiter«, ein »Seelenführer« war. Ich kann für die vielen guten Erfahrungen mit dem Bußsakrament nur danken. Dazu gehörte von früh an eine gewisse Regelmäßigkeit, damals monatlich, im Kloster dann wöchentlich. Ich kann mir nicht vorstellen, ohne den regelmäßigen Empfang des Bußsakraments ein christliches Leben zu führen.

Aber ich weiß, dass es auch andere Erfahrungen gibt. Eine eindrucksvolle Dokumentation über das katholische Beichten, herausgegeben von Rupert M. Scheule, hat den Titel *Beichten. Autobiographische Zeugnisse zur katholischen Bußpraxis im*

20. Jahrhundert (Wien 2001). In einer anständigen und ehrlichen Studie werden etwa 25 Zeugnisse meist älterer Menschen vorgelegt, die ihre Erfahrungen mit dem Bußsakrament schildern. Sie machen nachdenklich. Menschen schreiben sich ihr Leid und ihre oft bitteren Erfahrungen mit der Beichte von der Seele. Da gibt es nichts herumzudeuten: Mit dem Beichten sind auch viele traumatische Erinnerungen verbunden.

Das gilt, wie genauer gesagt werden muss, für eine bestimmte Generation. Sie haben noch die Massenbeichten erlebt, wie sie in den 1950er und 1960er Jahren üblich waren. Als ich Doktorand bei Joseph Ratzinger in Regensburg war, machte ich in der Fastenzeit 1973 Beichtaushilfe in einem bayrischen Dorf mit etwa 1800 Einwohnern. Der Pfarrer erwartete, dass etwa 1500 zur Beichte kommen. In beiden Beichtstühlen waren Zähler angebracht, womit festgestellt werden sollte, wie viele Schäflein wirklich beim Beichten waren. – Ich habe die Zählmechanik nicht betätigt und damit die Statistik des Pfarrers sehr durcheinandergebracht. – Viele Stunden an Beichtdienst waren damals nötig. Heute reicht in vielen Pfarren wohl ein Beichtangebot von zwei bis drei Stunden.

Beichtstatistik – Beichtkontrolle, das ruft nicht nur schöne Erinnerungen wach. Seit dem vierten Laterankonzil (1215) ist die jährliche Osterbeichte als kirchliche Bestimmung festgelegt. Das Konzil sagt:

»Jeder Gläubige beiderlei Geschlechts bekenne – nachdem er die Jahre der Unterscheidung (das heißt: etwa sieben Jahre. Anm. d. Verf.) erreicht hat – für sich alleine getreulich alle seine Sünden, wenigstens einmal im Jahr, vor seinem eigenen Priester (Pfarrer) und bemühe sich, die ihm auferlegte Buße nach Kräften zu erfüllen und empfange nicht weniger ehrfürchtig zu Ostern das Sakrament der Eucharistie. Nur der Rat des eigenen Pfarrers kann ihn aus vernünftigem Grund von dessen Empfang für eine bestimmte Zeit fernhalten. Ansonst soll er zu Lebzeiten vom Betreten der Kirche ferngehalten und im Sterben ihm ein christliches Begräbnis verwehrt werden.«[15]

Einmal jährlich Beichte und Kommunion, das war jahrhundertelang verpflichtende Praxis, die Anordnung nicht einzuhalten hatte durchaus ernste Konsequenzen. Das vom vierten Laterankonzil erlassene Beichtgebot wurde vom Konzil von Trient erneuert. Ebenso bestätigt der heute gültige Kodex des kanonischen Rechtes (CIC 1983 Can. 989).

Die jährliche Beichtpflicht war mit der Pflicht verbunden, wenigstens einmal im Jahr die Heilige Kommunion zu empfangen. Die Beichte war sozusagen notwendige Voraussetzung für den Empfang der Eucharistie. Ich erinnere mich noch gut an Gläubige, die nicht zur Heiligen Kommunion gingen, ohne vorher gebeichtet zu haben. Dementsprechend selten war der Kommunionempfang, und der war etwas besonders Großes, das eigens hervorgehoben wurde. Bei den Orthodoxen ist das heute noch weitgehend die Praxis.

Die Versuche, den Empfang der österlichen Sakramente zu kontrollieren, waren vielfältig und oft fern von dem, was wir heute als seelsorgliche Haltung empfinden würden. An manchen Orten gibt es noch heute eigene Bildchen, die den Empfängern zur Erinnerung an Osterbeichte und Osterkommunion ausgeteilt werden. Diese Heiligenbildchen sind die harmlosen Nachfahren der »Beichtzettel«, die man in früherer Zeit brauchte, um die Bestätigung zu haben, dass man das Kirchengebot des Sakramentenempfangs erfüllt hatte. Zur Zeit von Kaiserin Maria Theresia kontrollierten in Wien die Hausmeister die Osterbeichtzettel, um zu prüfen, ob alle Bewohner im Haus ihre Osterpflicht getan hatten. Ordentliche Bürger mussten auch ihre religiösen Pflichten erfüllen. Diese Bestätigungen waren gegebenenfalls notwendig, um etwa ein kirchliches Begräbnis zu erhalten. – Heute ist es nicht mehr der Beichtzettel, sondern der Zahlschein für den Kirchenbeitrag, das ist auch nicht unproblematisch, wie wir nur zu schmerzlich wissen.

Diese paar Blitzlichter auf die Geschichte zeigen schon, dass das Bußsakrament auch eine belastete Geschichte hat, ganz abgesehen davon, dass oft viel zu sehr auf dem sechsten Gebot insistiert wurde, als wäre es das erste Gebot. Die Geschichte des Bußsakraments ist komplex, aber es gibt mehr als nur diese Geschichte.

Geschenk der Barmherzigkeit

Das Sakrament hat eine mystische Mitte, ohne die es längst ausgestorben wäre. Durch alle Wechselfälle der Geschichte und alle Schwierigkeiten mit der Praxis dieses Sakramentes gibt es einen geheimnisvollen Kern, dessen Segenskraft Menschen in allen Jahrhunderten erlebt und erfahren haben. Dieses Geheimnis gilt es wieder zu entdecken, wenn das Bußsakrament wieder lebendiger gelebt werden soll.

Jesus selber ist Ausgangspunkt und Quellgrund dieses Sakraments. Seine Lebenshingabe am Kreuz ist der Ursprung aller Versöhnung. Der rechte Schächer ist der Erste, der aus dieser Quelle die Versöhnung erhält: »Heute noch wirst du mit mir im Paradies sein« (Lk 23,43). Die Vollmacht, Sünden zu vergeben, ist Jesu großes Ostergeschenk. Es ist das Erste, was der Auferstandene den Aposteln am Osterabend gibt:

»Friede sei mit euch! Wie mich der Vater gesandt hat, so sende ich euch. Nachdem er das gesagt hatte, hauchte er sie an und sprach zu ihnen: Empfangt den Heiligen Geist! Wem ihr die Sünden vergebt, dem sind sie vergeben; wem ihr die Vergebung verweigert, dem ist sie verweigert.«

Johannes 20,21–23

Aus dieser österlichen Quelle haben sie alle geschöpft, die großen Meister und Liebhaber des Bußsakraments: Katharina von Siena († 1380), der

Pfarrer von Ars († 1859), Padre Pio († 1968). Auch uns alle haben sie dazu eingeladen. Die negativen Erfahrungen, die es leider gibt und die tief schmerzen, können letztlich nur überwunden werden, wenn wir zur reinen Quelle der Barmherzigkeit Jesu zurückkehren. Ich denke, Gott hat Schwester Faustyna erwählt, um möglichst vielen Menschen den Weg zur Quelle wieder zu erschließen. Sie berichtet:

Heute sagte mir der Herr: »Tochter, wenn du zur heiligen Beichte kommst, zur Quelle Meiner Barmherzigkeit, fließt stets auf deine Seele Mein aus dem Herzen quellendes Blut und Wasser und veredelt deine Seele. Jedes Mal, wenn du zur heiligen Beichte gehst, tauche mit großem Vertrauen ganz in Meiner Barmherzigkeit unter, damit Ich über Deine Seele die Fülle Meiner Gnaden ergießen kann. Wenn du zur Beichte kommst, wisse, dass Ich Selbst im Beichtstuhl auf dich warte. Ich verhülle Mich nur mit dem Priester, aber in der Seele wirke Ich Selbst. Hier begegnet das Elend der Seele dem Gott der Barmherzigkeit. Sage den Seelen, dass sie aus dieser Quelle der Barmherzigkeit nur mit dem Gefäß des Vertrauens schöpfen können. Wenn ihr Vertrauen groß ist, ist Meine Freigebigkeit grenzenlos. Ströme Meiner Gnade überfluten demütige Seelen. Hochmütige sind immer in Armut und Elend, denn Meine Gnade wendet sich von ihnen ab, hin zu den demütigen Seelen.«

Schwester Faustyna, Tagebuch 1602

Hier sind einige wichtige Elemente. Jesus sagt: »Ich selber warte im Beichtstuhl auf dich.« Wie sehr haben wir es nötig, daran zu erinnern: Christus tauft, Christus ist der »Zelebrant« der Eucharistie, Christus spricht mich los von meinen Sünden (vgl. Zweites Vatikanisches Konzil, *Sacrosanctum Concilium* Art. 7). Der Priester ist Werkzeug, der Herr ist der Wirkende. Ein anderer Hinweis in diesem Text betrifft das Elend des Menschen. Es anzuerkennen »reizt« Gott gewissermaßen, seine Barmherzigkeit zu zeigen. Das Vertrauen, schließlich die Demut – so begegnen uns alle großen Themen, die der Herr Schwester Faustyna ins Herz gelegt hat. All denen, die auf dem Weg zu einem ehrlichen Christsein sind und sich um die Beichte bemühen, empfiehlt Schwester Faustyna drei Dinge:

»Erstens – unbedingte Aufrichtigkeit und Offenheit. Auch der heiligste und klügste Beichtvater kann der Seele nicht mit Gewalt einflößen, was er möchte, wenn die Seele nicht aufrichtig und offen ist. Eine unaufrichtige, verschlossene Seele begibt sich im geistigen Leben in große Gefahren und Jesus selbst teilt sich einer solchen Seele nicht in höherem Maße mit, denn Er weiß, dass sie von diesen besonderen Gnaden keinerlei Nutzen davontragen würde.

Das zweite Wort – Demut. Die Seele nutzt das Bußsakrament nicht gebührend, wenn sie nicht demütig ist. Hochmut hält die Seele in Dunkelheit. Sie weiß nichts und will sich nicht gründlich in den Abgrund ihres Elends vertiefen; sie verstellt sich und meidet alles, was sie heilen sollte.

Das dritte Wort – Gehorsam. Eine ungehorsame Seele trägt keinen Sieg davon, sogar wenn Jesus Selbst ihre Beichte abnehmen würde. Der erfahrenste Beichtvater kann einer solchen Seele nicht helfen. Eine ungehorsame Seele begibt sich in großes Unglück, sie macht keinerlei Fortschritte in ihrer Vervollkommnung und kommt mit dem geistigen Leben nicht zurecht. Gott überhäuft die Seele mit Seinen Gnaden, aber die gehorsame Seele.«

Schwester Faustyna, Tagebuch 113

Diese drei, Aufrichtigkeit, Demut, Gehorsam, sind unbedingte Voraussetzungen für eine fruchtbare Beichte.

Aufrichtigkeit

»Der Beichtvater ist Seelenarzt. Wie kann also ein Arzt, der die Krankheit nicht kennt, eine entsprechende Arznei verordnen?« (Tagebuch 112) Wie weit soll die Aufrichtigkeit und Offenheit gehen? Schwester Faustyna spricht öfters von der Wichtigkeit der kleinen Dinge:

»Es kommt vor, dass der Beichtvater geringe Dinge nicht beachtet. Im geistigen Leben ist aber nichts zu gering. Manchmal decken scheinbar kleine Dinge sehr gewichtige Sachen auf und sind für den Beichtvater wie ein Lichtstrahl für die Seelenkenntnis. Viele geistige Schattierungen stecken in unscheinbaren Dingen.

Ein großer Bau kann nicht entstehen, wenn wir kleine Ziegelsteine wegwerfen. Von mancher Seele verlangt Gott große Reinheit, deshalb schenkt Er ihr tiefere Erkenntnis ihres Elends. Mit himmlischem Licht erleuchtet, erkennt sie besser, was Gott gefällt – und was nicht. Die Sünde entspricht der Erkenntnis und dem Licht der Seele. Genauso die Unvollkommenheit, obwohl die Seele weiß, dass streng genommen nur die Sünde ins Bußsakrament gehört; aber die kleinen Dinge spielen eine große Rolle im Streben nach Heiligkeit, deshalb darf sie der Beichtvater nicht geringschätzen. Geduld und Milde des Beichtvaters öffnen den Weg zu den tiefsten Geheimnissen der Seele. Sie enthüllt fast unbewusst ihre abgründige Tiefe und fühlt sich stärker und widerstandsfähiger; sie kämpft mutiger, bemüht sich mehr, da sie weiß, dass sie darüber Rechenschaft ablegen muss.«

Schwester Faustyna, Tagebuch 21

Oft fürchten wir: Was wird der Priester von mir denken, wenn ich so ganz ehrlich bin und mein Handeln nicht ein wenig verharmlose oder beschönige? Dazu ist aus der Beichterfahrung zu sagen: Am Tiefsten beeindrucken immer die demütig ehrlichen Beichten. Es ist, wie Schwester Faustyna sagt: »Manchmal kostet [bei der Beichte] eine Kleinigkeit mehr, als etwas Größeres« (Tagebuch 225). Und es gibt eine eigene Gnade des Beichtehörens: Alles im Gebeichteten ist nachher wie »versunken«, nicht immer vergessen, aber es belastet nicht. Es ist »in den Feuerofen der Liebe Gottes geworfen«. Schließlich wissen die Beichtenden oft gar nicht, welchen Dienst sie uns Priestern durch das Beichten erweisen. Ein Priester, der einem nicht spontan sympathisch ist, kann dadurch selbst starke Hilfen und Gnaden erhalten. Die Beichte zu hören ist für uns Priester ein großer Segen. Es hilft uns, selber besser zu beichten, und baut oft auf. Man ist beschenkt durch die Offenheit der Beichtenden und von der Erfahrung, selber Werkzeug Jesu zu sein.

Die Aufrichtigkeit darf aber nicht zur Skrupelhaftigkeit werden. Schwester Faustyna kannte diese Versuchung. Sie notiert im Tagebuch:

Am nächsten Tag spürte ich ganz deutlich die Worte: »Siehst du, Gott ist so heilig und du bist sündig. Trete nicht an ihn heran und beichte tagtäglich.« Tatsächlich kam mir alles, was ich nur dachte, als Sünde vor.

Als der Beichttag nahte, bereitete ich eine ganze Fuhre Sünden zur Anklage vor. Am Beichtgitter ließ mich Gott nur zwei meiner Unvollkommenheiten zur Anklage bringen, obwohl ich mich anstrengte, so zu beichten, wie ich mich vorbereitet hatte. Als ich den Beichtstuhl verließ, sagte mir der Herr: »Meine Tochter, alle Sünden, die du beichten wolltest, sind in Meinen Augen keine Sünden, deshalb nahm Ich dir die Möglichkeit, sie auszusprechen.« Ich erkannte, dass der Satan meinen Frieden stören wollte und mir übertriebene Gedanken eingab.«

Schwester Faustyna, Tagebuch 1802

Demut

Die zweite unbedingte Voraussetzung für die Beichte ist die Demut. Sie hat viel mit Wahrheit zu tun, sich selber so zu sehen, wie wir wirklich sind.

»O mein Jesus, zum Dank für viele Gnaden opfere ich Dir meine Seele und meinen Leib auf, meinen Verstand, meinen Willen und alle Regungen meines Herzens. Mit den Gelübden habe ich mich Dir ganz hingegeben; ich besitze nichts mehr, was ich Dir noch schenken könnte.« Jesus sagte mir darauf: »Meine Tochter, du hast Mir nicht geschenkt, was tatsächlich dein ist.« Ich ging in mich und erkannte, dass ich Gott mit aller Kraft meiner Seele liebe. Ich konnte nicht sehen, was ich dem Herrn nicht gegeben hätte. So fragte ich: »Jesus, sage es mir und ich will es Dir sofort mit der ganzen Fülle meines Herzens geben.« Jesus sagte gütig: »Tochter, schenke Mir dein Elend, denn das ist ausschließlich dein Eigentum.« – In dem Moment wurde meine Seele von einem Lichtstrahl erhellt und ich sah den ganzen Abgrund meines Elends. Sofort schmiegte ich mich mit so großem Vertrauen an das Heiligste Herz Jesu, dass ich – auch wenn ich auf meinem Gewissen alle Sünden der Verdammten hätte – an Gottes Barmherzigkeit nicht gezweifelt, sondern mich mit einem zu Staub zerriebenen Herzen in den Abgrund Seiner Barmherzigkeit gestürzt hätte. Ich glaube daran, Jesus, dass Du mich nicht von Dir gewiesen, sondern durch die Hand Deines Stellvertreters die Sünden nachgelassen hättest.«

Schwester Faustyna, Tagebuch 1318

Es gibt also nur eine Grenze für Gottes Barmherzigkeit: zu glauben, sie sei begrenzt. Die große Versuchung ist die des Kain: »Meine Schuld ist zu groß« (Gen 4,13) oder des Judas (vgl. Mt 27,3–10). Keine Schuld ist zu groß, wenn sie bekannt, genannt und mit Vertrauen in Gottes Barmherzigkeit wie in einen Feuerofen »hineingeworfen« wird. Die ungenannte, unbekannte, unausgesprochene Schuld quält und belastet, sie ist wie ein Krankheitsherd, der unsichtbar alles infiziert.

Das gilt auch für den Schutz des ungeborenen Lebens. Wir werden da nur weiterkommen, wenn die millionenfache Bürde der Schuld an den vielen getöteten Kindern der Barmherzigkeit Gottes begegnet. Erst dann kann sie angeschaut, benannt werden. Solange nur der schreckliche Vorwurf bleibt: Wir haben Kinder getötet, muss diese Schuld verdrängt werden. Sie ist zu schwer zu ertragen. Aber als verdrängte bleibt sie. Das gilt von aller Schuld, die nicht der Barmherzigkeit begegnet ist. Wir können es uns »psychohygienisch« nicht leisten, unsere Schuld zu bekennen, wenn das in die Verachtung und öffentliche Verurteilung mündet. Jesus kann ich es sagen, weil ich weiß: Seine Barmherzigkeit wartet sehnsüchtig auf mich!

»Wären auch die Sünden der Seele schwarz wie die Nacht – wenn der Sünder sich an Meine Barmherzigkeit wendet, erweist er Mir die größte Ehre und wird zum Lob Meines bitteren Leidens.«

Schwester Faustyna, Tagebuch 378

Das zu verkünden ist daher nicht nur eine fromme Übung für erwählte Seelen. Die Barmherzigkeit ist von größter Tragweite für unsere Gesellschaft. Erst im Vertrauen in Seine Barmherzigkeit muss Schuld nicht mehr verdrängt werden, kann sie zur Sprache und Heilung finden. Die Wiederentdeckung der Beichte ist mehr als ein innerkirchlicher Wunsch, sie ist wichtig für die ganze Gesellschaft. Wir müssen wieder lernen, die Schuld anzuschauen, im Wissen, dass Gottes Barmherzigkeit auch die größte, schwerste Schuld überwinden kann.

Gehorsam

Das dritte Element ist der Gehorsam. Gerade im Zusammenhang damit gibt es viele Einwände gegen das Bußsakrament. Unangenehmerweise handelt es sich um Menschen, denen man beichten soll. – Warum muss ich zu einem Menschen gehen und ihm beichten? Das ist ja auch nur ein Sünder wie ich, ein gewöhnlicher Mensch. Das mache ich mit meinem Gott alleine aus. – Schwester Faustyna hat diese Versuchung einmal gespürt:

Eine starke Versuchung. Der Herr ließ mich erkennen, wie lieb Ihm ein reines Herz ist, wodurch mir eine tiefere Erkenntnis meines eigenen Elends zuteil wurde. Als ich mich zur heiligen Beichte vorzubereiten begann, drangen starke Versuchungen gegen die Beichtväter auf mich ein. Ich sah den Satan nicht, aber ich spürte ihn und seine furchtbare Wut. »Ja, das ist nur ein gewöhnlicher Mensch.« »Aber doch ungewöhnlich, denn er hat die Macht Gottes.« »Ja, sich seiner Sünden anzuklagen, fällt nicht schwer, aber die geheimsten Herzenswinkel zu enthüllen. Rechenschaft abzugeben über das Wirken der Gnade Gottes, jede Forderung Gottes zu erwähnen, alles was zwischen mir und Gott geschieht, das alles einem Menschen zu sagen – das übersteigt die Kräfte.« Ich fühlte, dass ich mit Mächten streite und ich rief: »O Christus, Du und der Priester seid eins; ich gehe zur Beichte zu Dir und nicht zum Menschen.« Als ich zu beichten begann, enthüllte ich zuerst meine Schwierigkeiten. Der Priester sagte, ich hätte es nicht besser tun können, als diese schweren Versuchungen zuallererst aufzudecken. Nach der Beichte waren sie alle verschwunden; meine Seele war von Frieden erfüllt.

Schwester Faustyna, Tagebuch 1715

Es ist und bleibt ein Ärgernis, einem Menschen zu beichten. Aber es ist notwendig und heilsam. Es ist ein Akt des Vertrauens, dass Jesus zu mir durch den Priester spricht. Wie oft wurde das schon erfahren. Freilich gilt es zwischen Beichte und Seelenführung zu unterscheiden. Es ist etwas Delikates, einen »Seelenführer« zu finden. Schwester Faustyna hatte das große Glück, eine Fügung Gottes, im seligen Michal Sopocko († 1975) einen begnadeten geistlichen Begleiter zu finden. Nicht alle haben dieses Glück, aber alle haben die Möglichkeit, zu einem Priester zu gehen, auch wenn er noch so armselig ist, und ihm einfach die Sünden zu beichten im Wissen: Jesus spricht mich los. Schwester Faustyna beschreibt einmal den Auftrag, den Jesus ihr gegeben hat, und der für uns alle gilt:

»Schreibe, spreche über Meine Barmherzigkeit. Sage den Seelen, wo sie Trost suchen sollen – im Tribunal der Barmherzigkeit, dort gibt es die größten Wunder, die sich ununterbrochen wiederholen. Um dieses Wunder zu erreichen, bedarf es keiner weiten Pilgerfahrt, auch nicht äußerer Zeremonien, sondern es genügt, zu Füßen Meines Stellvertreters gläubig hinzutreten und vor ihm dein Elend auszusprechen. Dann zeigt sich das Wunder der Barmherzigkeit in seiner ganzen Fülle. Auch wenn die Seele wie eine verwesende Leiche wäre und eine Belebung, menschlich gesehen, ausgeschlossen und alles schon verloren – so ist es anders bei Gott. Das Wunder der Barmherzigkeit Gottes belebt die Seele vollends. Ihr Armseligen, die ihr das Wunder der Barmherzigkeit Gottes für euch nicht in Anspruch nehmt, ihr werdet vergeblich rufen, weil es dann zu spät sein wird.«

Schwester Faustyna, Tagebuch 1448

VII. Die Werke der Barmherzigkeit

Die katechetische Tradition kennt sieben leibliche und sieben geistliche Werke der Barmherzigkeit. Die leiblichen Werke sind: Hungrige speisen, Durstige tränken, Fremde beherbergen, Nackte kleiden, Kranke pflegen, Gefangene besuchen und Tote bestatten. Als die sieben geistlichen Werke werden genannt: Unwissende belehren, Zweifelnden raten, Trauernde trösten, Sünder zurechtweisen, dem Beleidiger verzeihen, Unrecht ertragen, für Lebende und Tote beten. (Professor Paul M. Zulehner hat diesem Thema ein schönes Büchlein gewidmet: *Gott ist größer als unser Herz. Eine Pastoral des Erbarmens, Ostfildern 2006.)*

Jesus sagt: Wir sollen »barmherzig sein wie unser Vater im Himmel« (vgl. Lk 6,36), das kann aber nicht nur in Gedanken und Gesinnungen bestehen, sondern muss sich in konkreten Gesten, Handlungen und Taten zeigen. Der Apostel Jakobus drückt das direkt aus: »Zeige mir deinen Glauben ohne die Werke und ich zeige dir meinen Glauben aufgrund der Werke« (Jak 2,18). Und er konkretisiert:

»Wenn ein Bruder oder eine Schwester ohne Kleidung ist und ohne das tägliche Brot und einer von euch zu ihnen sagt: Geht in Frieden, wärmt und sättigt euch! ihr gebt ihnen aber nicht, was sie zum Leben brauchen – was nützt das? So ist auch der Glaube für sich allein tot, wenn er nicht Werke vorzuweisen hat ... Denn wie der Körper ohne den Geist tot ist, so ist auch der Glaube tot ohne die Werke.«

Jakobus 2,15–17.26

Der Glaube zeigt sich konkret in der Barmherzigkeit. Das Fehlen der Barmherzigkeit zieht unerbittlich Gottes Gericht nach sich. Der Lieblingsjünger Johannes sagt das ebenso klar wie Jakobus: »Wenn jemand Vermögen hat und sein Herz (wörtlich: seine Eingeweide – *splanchnia*) vor dem Bruder verschließt, den er in Not sieht, wie kann die Gottesliebe in ihm bleiben? Meine Kinder, wir wollen nicht mit Wort und Zunge lieben, sondern in Tat und Wahrheit« (1 Joh 3,17–18). Solche Herzenshärte lässt Gott nicht ungestraft: »Denn das Gericht ist erbarmungslos gegen den, der kein Erbarmen gezeigt [wörtlich: getan] hat. Barmherzigkeit aber triumphiert über das Gericht« (Jak 2,13).

Erbarmen tun ist auch im großen Gerichtsgleichnis Jesu (Mt 25) das alles Entscheidende. Ewiges Heil oder Unheil, Himmel oder Hölle hängt am Tun oder Nichttun der Barmherzigkeit. Sechs Werke werden eigens von Jesus genannt:

Ich war hungrig, und ihr habt mir zu essen gegeben;
ich war durstig, und ihr habt mir zu trinken gegeben;
ich war fremd und obdachlos, und ihr habt mich aufgenommen;
ich war nackt, und ihr habt mir Kleidung gegeben;
ich war krank, und ihr habt mich besucht;
ich war im Gefängnis, und ihr seid zu mir gekommen.

Davon leiten sich die leiblichen Werke der Barmherzigkeit ab, die katechetische Tradition hat hinzugefügt: »Tote begraben«. Jesus schließt: »Was ihr dem geringsten meiner Brüder getan habt, das habt ihr mir getan« (Mt 25,40).

Warum Werke der Barmherzigkeit?

In Taten barmherzig sein berührt direkt Jesus selber. Wichtig ist, dass jene, die Werke der Barmherzigkeit getan hatten, gar nicht darum wussten, dass sie es Jesus getan haben: »Wann haben wir dich durstig, hungrig, fremd und obdachlos, nackt, krank und gefangen gesehen?« (vgl. Mt 25,37–39).

Jesus antwortet hier indirekt auf eine Frage, die immer wieder auftaucht und in der neuzeitlichen Moralphilosophie, etwa bei Immanuel Kant († 1804), eine zentrale Rolle spielt: Tut man wirklich das Gute, wenn man es aus religiösen Motiven tut, um zum Beispiel den Geboten zu gehorchen, Gott zu gefallen, Gottes Willen zu erfüllen? Verfälscht eine solche religiöse Absicht nicht die gute Tat?

Diese Frage wurde in der Philosophie oft diskutiert. Helfe ich dem Notleidenden, um ihm zu helfen, oder tue ich es, um mir den Himmel zu verdienen? Wird bei einer religiösen Motivation die gute Tat nur zum Mittel, um den Zweck der Gottgefälligkeit zu erlangen?

Auf diese scheinbar rein philosophische Frage gibt Jesus im großen Weltgerichtsgleichnis eine klare Antwort: Die im Gericht bestehen werden, die Geretteten, haben einfach und direkt geholfen, ohne zu fragen, was ihnen das bringt. Sie haben dabei nicht nach irdischem oder himmlischem Nutzen gestrebt, sondern einfach die Augen vor der Not des Nächsten nicht verschlossen. Genau das war es, was Gott wollte. So haben sie Jesus selber gedient. Jesus will nicht, dass wir die Anderen, unsere Not leidenden Brüder und Schwestern, bloß als Instrument unserer eigenen Heiligung, als Mittel zum frommen Zweck benützen.

Immer wieder ist es die selbstlose, selbstvergessene Gabe, die Gottes Erbarmen auf uns herabruft. Es ist deutlich zu spüren, ob die Werke der Barmherzigkeit selbstlos, um des Nächsten willen geschehen, oder ob dabei auf Lohn, Anerkennung, eigenes »Sich-gut-Fühlen« geschaut wird. Die wirklich lautere, selbstlose gute Tat gibt es auch bei Menschen, die sich selber als Atheisten verstehen. Ebenso findet man selbstlose Güte bei Menschen anderer Religionen. Überall gibt es Menschen, die sich dem Notleidenden gegenüber wirklich als Nächste erweisen. Im großen Gerichtsgleichnis spielt Religionszugehörigkeit – Jude oder Heide, Christ oder Nichtchrist – keine Rolle. Es zählt allein die gute Tat oder deren Unterlassung.

Unterlassung und Unterlassungssünde

In Jesu Gleichnis haben die auf der Linken, die Verdammten, eigentlich nichts Böses getan, sie haben nicht gemordet, nicht die Ehe gebrochen, nicht gestohlen. Selbst wenn sie es getan haben, zählt das im Gericht, zumindest in diesem Gleichnis Jesu, nicht. Hier wird nur auf das geschaut, was sie unterlassen haben. Von allem, was wir im Schuldbekenntnis aufzählen, ist das Erste ausschlaggebend: »Ich bekenne ..., dass ich Gutes unterlassen habe«.

Im Katechismus findet sich die traditionelle Definition der Todsünde, das heißt jener Sünde, die den Menschen von seinem letzten Ziel, von Gott abwendet und so das ewige Heil gefährdet: »Eine Todsünde ist jene Sünde, die eine schwerwiegende Materie zum Gegenstand hat und die dazu mit vollem Bewusstsein und bedachter Zustimmung begangen wird« (KKK 1857).

Oft aber, vielleicht sogar meistens, geschehen die Unterlassungen gar nicht »mit vollem Bewusstsein« oder auch nur mit »bedachter Zustimmung«, sondern aus fehlender Aufmerksamkeit, aus einer Selbstbezogenheit, die für die Not des Nächsten blind macht. Der »reiche Prasser« war vielleicht gar nicht bewusst hart gegenüber dem armen Lazarus vor seiner Tür. Er hatte sich an seinen Anblick gewöhnt und war in seinem Wohlstand und seinem bequemen Leben unsensibel geworden für das Leid seines Mitmenschen (vgl. Lk 16,19–31).

Unterlassungssünden sind meist die giftige Frucht von vorausgehenden Unterlassungen. Im Katechismus heißt es deshalb: »Die Todsünde schließt auch eine genügend überlegte Zustimmung ein, um persönliche Willensentscheidung zu sein. Selbstverschuldete Unwissenheit und Verhärtung des Herzens mindern die Freiwilligkeit der Sünde nicht, sondern steigern sie« (KKK 1859). Das Unterlassen von Werken der Barmherzigkeit kommt aus der Verhärtung des Herzens. Wir sind wieder bei dem Punkt angelangt, der schon in der Bibel der entscheidende Punkt war: Herzensverhärtung ist Abfall von Gott. Wer sein Herz dem Nächsten gegenüber verhärtet, ist von Gott abgefallen, auch wenn er äußerlich »fromm« bleibt. Wessen Herz sich der Not des Nächsten nicht verschließt, der ist Gott nahe, selbst wenn er sich selber für einen Atheisten hält und sich als solchen bezeichnet.

Alfred Hrdlicka, ein österreichischer Bildhauer, der sich als Atheist und Kommunist bezeichnet, erzählte mir von der tiefen Liebe seiner Eltern, die in der Zeit zwischen den beiden Weltkriegen in Wien illegale Kommunisten waren und ganz selbstverständlich Werke der Barmherzigkeit praktiziert haben. Die selige Schwester Restituta Kafka († 1943) wurde zusammen mit einer Reihe von Kommunisten im »Grauen Haus« in Wien exekutiert. Im Drei-Minuten-Takt wurden 19 Menschen mit der Guillotine enthauptet, darunter sie, die einzige Ordensfrau, die in der Nazizeit enthauptet wurde. Die Kommunisten, die mit ihr exekutiert wurden, waren Straßenbahner aus der Brigittenau (20. Bezirk in Wien). Ihr Verbrechen war, dass sie einen Gedenkkranz auf das Grab ihres Kollegen gelegt hatten, der zum Tod verurteilt und exekutiert worden war. Für einen schlichten Akt der Humanität und Pietät wurden diese sechs Männer zum Tod verurteilt. Wenn wir Schwester Restituta verehren, dürfen wir auch diese Männer, die mit ihr exekutiert wurden, die als Atheisten und Kommunisten galten, nie vergessen. Sie hatten ihr Herz sicher nicht verhärtet. Auch für sie gilt: »Was ihr dem geringsten meiner Brüder getan habt, das habt ihr mir getan« (Mt 25,40).

Warum aber macht das selbstlos helfende Herz offen für Gott? Warum begegnen die, die den Notleidenden entgegengehen, dem »Ich« Jesu Christi: »Ich war hungrig ... ich war gefangen ... und du hast mir geholfen«? Das liegt wohl im Letzten an der »Beschaffenheit« der göttlichen Barmherzigkeit und Liebe. Sie ist ihrem Wesen nach selbstlos. Die mystische Tradition der Kirche sagt, sie ist das *bonum diffusivum sui,* das sich verströmende Gute. »Gott ist die Liebe«, sagt Johannes (1 Joh 4,16), und diese Liebe liebt nicht, um sich selber zu verwirklichen, um selber mehr zu werden, sondern um sich mitzuteilen, sich an andere zu verströmen.

Diese sich ohne Nötigung schenkende Liebe ist, so glauben wir, der tiefste Grund der Schöpfung. Sie ist nicht Zufallsprodukt, wie der »ideologische Darwinismus« meint, auch nicht ein Unfallsprodukt, wie die Gnosis annimmt, oder eine Illusion (Buddhismus), sondern Ausdruck der freien, liebenden Schenkung des Schöpfers. Deshalb ist der Mensch »nach Gottes Bild und Gleichnis« (vgl. Gen 1,26f) geschaffen, mit einer geschenkten, von Gott gewollten Freiheit, in der er Gottes Freigebigkeit nachahmen, Gott im Guten ähnlich sein kann *(vgl. Ziel oder Zufall, Freiburg im Br. 2007)*.

Die Bibel lehrt uns, an einen Gott zu glauben, der in seiner Liebe so weit geht, sich die Bedürfnisse und Nöte seiner Geschöpfe zu Eigen zu machen. »Ich habe das Elend meines Volkes in Ägypten gesehen ... Ich kenne ihr Leid«, spricht Gott zu Mose aus dem Dornbusch. »Ich bin herabgestiegen, um sie aus der Hand der Ägypter zu entreißen und sie aus jenem Land hinaufzuführen in ein schönes, weites Land ...« (Ex 3,7–8). Gott, der das Elend sieht, das Leid kennt und herabsteigt, um die Gefangenen, Versklavten heraufzuführen in das Land der Freiheit, ist das Urbild aller »Werke der Barmherzigkeit«. Diesem Gott ähnlich zu werden ist nicht ihr Zweck, sondern ihre Wirkung.

Weil Gott seinen Sohn gesandt hat, der bis in unser tiefstes Elend hinabgestiegen ist, es sieht und kennt und sich zu Eigen macht, bis zur völligen Übernahme unseres Sündenelends, sind alle selbstlos getanen »Werke der Barmherzigkeit« wirkliche Begegnung mit ihm. Er hat sich mit aller Menschennot identifiziert, und deshalb finden wir ihn am

Grund allen Elends, dem wir uns zuwenden, bis hin zum Abgrund der eigenen Armseligkeit, in der der Herr auf uns wartet. Gerade die Selbstlosigkeit, die Selbstvergessenheit unserer »Werke der Barmherzigkeit« macht uns Gott ähnlich, bringt uns Christus nahe. Jesus hat es so oft gesagt: »Wer sich selbst verliert, findet sich« (vgl. Mt 10, 39 par).

Das hat auch einen Umkehrschluss zur Folge: Je mehr wir mit der selbstlosen Liebe Gottes vertraut werden, je mehr wir »die Güte und Menschenfreundlichkeit Gottes, unseres Retters« (Tit 3, 4) kennenlernen, die uns in Jesus Christus erschienen ist, desto selbstloser wird auch unsere Liebe. Je mehr wir uns in das Leben und Leiden, das Sterben und Auferstehen Jesu vertiefen, desto tiefer wird auch unsere Verbundenheit mit seiner Menschenliebe, desto reiner, stärker und vollkommener wird unsere Hingabe an die, die Jesus als seine »geringsten Brüder« bezeichnet, seine Not leidenden Brüder und Schwestern. Nur wenn Christus in unseren Herzen vollen Raum findet, dann haben auch die wirklich Platz, mit denen er sich besonders identifiziert.

Papst Gregor I., der Große († 604), hat das in seiner Pastoralregel den Seelsorgern besonders ins Stammbuch geschrieben. Papst Benedikt XVI. hat diese Stelle in seiner ersten Enzyklika *Deus Caritas est* (»Gott ist die Liebe«, 25. Dezember 2005, Nr. 7–8) besonders empfohlen. Gregor schreibt:

»Der Seelsorger muss gegen jedermann voll Teilnahme und mehr als alle der Betrachtung *(contemplatio)* ergeben sein; denn er muss mit einem Herzen voll Liebe die Schwachheit der andern auf sich nehmen und in erhabener Beschauung im Verlangen nach der unsichtbaren Welt sich über sich selbst erheben; denn er darf in seinem Streben nach dem Höchsten nicht verächtlich auf die Schwachheit des Nächsten herabschauen, oder umgekehrt bei seiner Herablassung zur Schwachheit des Nächsten das höhere Streben nicht aufgeben.«[16]

Dann verweist Gregor auf Paulus, der zwar in den Himmel entrückt wird, aber gerade dabei auf die Menschen schaut und allen alles wird (vgl. 2 Kor 12,2–4; 1 Kor 9,22). Unter den Beispielen findet sich auch Mose: »So geht Mose im heiligen Zelte oft aus und ein, und während er drinnen in Beschauung hingerissen wird, umdrängen ihn draußen die Anliegen der Schwachen. Drinnen schaut er Gottes Geheimnisse, draußen trägt er die Lasten fleischlicher Menschen.«

Barmherzigkeit und Menschlichkeit

Die Werke der Barmherzigkeit sind Ausdruck elementarer Menschlichkeit. So sind sie auch in anderen Kulturen und Religionen zu finden. Paulus zeichnet zwar im Brief an die Gemeinde von Rom kein sehr schmeichelhaftes Bild vom Heidentum.

Gerade das Fehlen von Erbarmen, der erschütternde Verlust an Menschlichkeit, macht für ihn das Heidentum zu einer Verfälschung der Wahrheit Gottes:

Die Heiden »vertauschten die Wahrheit Gottes mit der Lüge, sie beteten das Geschöpf an und verehrten es anstelle des Schöpfers – gepriesen ist er in Ewigkeit. Amen. Darum lieferte Gott sie entehrenden Leidenschaften aus: Ihre Frauen vertauschten den natürlichen Verkehr mit dem widernatürlichen, ebenso gaben die Männer den natürlichen Verkehr mit der Frau auf und entbrannten in Begierde zueinander; Männer trieben mit Männern Unzucht und erhielten den ihnen gebührenden Lohn für ihre Verirrung. Und da sie sich weigerten, Gott anzuerkennen, lieferte Gott sie einem verworfenen Denken aus, so dass sie tun, was sich nicht gehört: Sie sind voll Ungerechtigkeit, Schlechtigkeit, Habgier und Bosheit, voll Neid, Mord, Streit, List und Tücke, sie verleumden und treiben üble Nachrede, sie hassen Gott, sind überheblich, hochmütig und prahlerisch, erfinderisch im Bösen und ungehorsam gegen die Eltern, sie sind unverständig und haltlos, ohne Liebe und Erbarmen. Sie erkennen, dass Gottes Rechtsordnung bestimmt: Wer so handelt, verdient den Tod. Trotzdem tun sie es nicht nur selber, sondern stimmen bereitwillig auch denen zu, die so handeln.«

Römer 1,25–32

Paulus zeichnet hier das Bild der verloren gegangenen Humanität. Die Grundaussage ist klar: Wo die Wahrheit über Gott verdunkelt wird, da geht die Humanität verloren. Die Menschlichkeit, wie sie in den Werken der Barmherzigkeit zum Ausdruck kommt, geht über unsere menschlichen Kräfte hinaus. Ohne die Barmherzigkeit Gottes ist unsere Barmherzigkeit schnell am Ende. Ohne Gottes Gnade fehlt uns die Kraft zur Barmherzigkeit: »Gott, der reich ist an Erbarmen, hat uns, die wir infolge unserer Sünden tot waren, in seiner großen Liebe, mit der er uns geliebt hat, zusammen mit Christus wieder lebendig gemacht. Aus Gnade seid ihr gerettet« (Eph 2,4–5).

Ein erschütterndes Beispiel dafür, wie die paulinische Sicht des unbarmherzigen Heidentums zutrifft, ist das Buch des russischen Schriftstellers Daniil Granin *Die verlorene Barmherzigkeit. Eine russische Erfahrung (Freiburg i. Br. 1993)*. Es zeigt den Verlust von »Miloserdie«, von Barmherzigkeit in der Sowjet-Gesellschaft. Granin fragt sich, was in einer Gesellschaft geschehen ist, in der angeblich nur mehr die Gerechtigkeit zählt, nicht mehr die Barmherzigkeit. Diese galt als veraltet, bürgerlich, und allmählich war das Gefühl dafür erstickt. Die große russische Literatur des 19. Jahrhunderts war noch vom Thema des Mitleids mit den Erniedrigten, Gestrauchelten, Gestürzten erfüllt. Ein Beispiel ist das berühmte Gedicht »Denkmal« von Alexander Puschkin († 1837):

»Und lange wird das Volk mich lieben,
weil meine Muse Güte weckte,
in harter Zeit die Freiheit rühmte
und Mitleid für Gestürzte hegte.«

Daniil Granin gründete in der zusammenbrechenden Sowjetunion eine Gesellschaft namens »Miloserdie«, ein Werk der Barmherzigkeit. Von seinen schönen und schmerzlichen Erfahrungen handelt das Buch, von der Not, in der postsowjetischen Gesellschaft, wieder die Spuren der Barmherzigkeit zu finden und zu stärken. Diese Erfahrung brachte ihn zur Überzeugung, dass »die ständige, tägliche Arbeit der Barmherzigkeit von Menschen Eigenschaften abverlangte, die in unserer [sowjetischen] Wirklichkeit nicht heranwachsen konnten.«[17] Granin kam zum Schluss, dass ohne die Hilfe des christlichen Glaubens die Barmherzigkeit zwar möglich, aber doch viel schwerer ist.

Das Christentum als Motor der Barmherzigkeit

Die Geschichte der »Werke der Barmherzigkeit« erweist das Christentum als den großen Motor für die Werke der Barmherzigkeit. Es ist unmöglich, sie alle im Einzelnen anzusehen und ihre Aktualität zu behandeln. Professor Zulehner zeigt sie im oben genannten Buch.[18] Einige Beispiele können den großen Spannungsreichtum praktizierter Barmherzigkeit zeigen. Das dritte leibliche Werk der Barmherzigkeit ist »Fremde beherbergen«. Jesus sagt: »Ich war fremd und obdachlos, und ihr habt mich aufgenommen« (Mt 25,35). Im Individuellen ist das recht einleuchtend. Als wir im Herbst 1945 als Flüchtlinge nach Österreich kamen – meine Mutter und zwei kleine Kinder –, da gab es Menschen, die dieses Werk der Barmherzigkeit praktiziert haben: Verwandte machten Platz, um die Flüchtlinge aufzunehmen. Im Jahr 1956 fanden Zigtausende Ungarnflüchtlinge Aufnahme in Österreich. Auch später war es so, besonders im Bosnienkrieg, wo viele Wiener Pfarren Flüchtlinge aufnahmen.

Schwieriger wird es mit dem Beherbergen von Fremden, die immigrieren wollen. Sie suchen Arbeit, eine Zukunft, ein Leben in mehr Sicherheit. Sie strömen unaufhaltsam nach Europa. Viele besorgte Stimmen fragen, was das Wort Jesu hier bedeutet: »Ich war fremd und du hast mich aufgenommen«? Grenzenlose Immigration aus grenzenloser Barmherzigkeit kann nicht die Lösung sein. Anderseits wird die Migration nicht aufzuhalten sein. Der Zaun zwischen Mexiko und den USA kann den Strom nicht eindämmen, ebenso kein Schengen-Abkommen bei uns.

Mitunter bekomme ich besorgte, auch aggressive Briefe über die Immigration, besonders die Zunahme von Muslimen in Österreich. Die Kirche, besonders die Caritas, sei schuld, heißt es pauschal. Barmherzigkeit hat auch politische, soziale, gesellschaftliche Dimensionen. Was ist eine Politik in Sachen Immigration, die den Ansprüchen der Barmherzigkeit und der Gerechtigkeit entspricht? Zuerst ist zwischen Asyl und Immigration zu unterscheiden. Das eine ist ein Menschenrecht, das streng eingehalten werden muss. Man wird zum Beispiel einem Muslim, der Christ geworden ist, nicht das Asyl verweigern dürfen, wenn er zu Hause dafür mit der Todesstrafe oder Ermordung rechnen muss. Immigration hingegen ist politisch zu ordnen. Darauf gibt es kein unbeschränktes Recht. Der Staat muss hier ordnend eingreifen, indem er gewisse Bedingungen aufstellt: ein Ja zur Verfassung, zur Gesetzordnung des Landes, Respekt vor der bestehenden Kultur. Aber auch die Forderung nach Bereitschaft zum Zusammenleben, zum Annehmen des Fremden als Anderen im eigenen Land ist nötig. Bei allen Mängeln war doch die österreichische k.u.k. Monarchie ein selten gut gelungenes Beispiel vom Zusammenleben vieler Völker, Kulturen und Religionen.

Die Immigrationsfrage stellt aber auch Rückfragen an uns. Da ist zuerst die demografische Frage. Das heutige Europa hat de facto Nein zu seiner Zukunft gesagt. Nach neuesten Statistiken betreffend die deutsche Bevölkerung kommen auf 100 Eltern 66 Kinder und 40 Enkel, ohne Immigration. Das sind harte Fakten. Der Immigrationsdruck ist auch eine Folge dessen, was Europa als Entscheidung für seine eigene Zukunft getroffen hat.

Wir haben auch die Chance, denen, die als Immigranten zu uns kommen, ein Zeugnis des lebendigen Glaubens an Jesus Christus zu geben. Vielleicht gelingt den Christen in Europa ein so glaubwürdiges Zeugnis des Evangeliums, der Barmherzigkeit, der Liebe, dass sich viele Herzen für den Glauben öffnen. Da bin ich voller Hoffnung, auch für Europa trotz der dramatischen demografischen Entwicklung.

Die gesellschaftliche Dimension der Barmherzigkeit

Alle Werke der Barmherzigkeit haben eine gesellschaftliche, politische, öffentliche Dimension. Hungernde speisen, Dürstende tränken, Kranke besuchen hat sehr viel mit Strukturen des Erbarmens zu tun, mit Gesetzen, Institutionen, Organisationen, die die Barmherzigkeit gewissermaßen verkörpern. So sind Spitäler entstanden, Sozialeinrichtungen, soziale Netze, wie sie bei uns im Sozialstaat existieren. Ohne diese »organisierte Barmherzigkeit« ginge es nicht. Die katholische Soziallehre hat die Bedingungen für eine möglichst gerechte Gesellschaft klar formuliert. Dennoch wird es immer der konkreten Barmherzigkeit bedürfen und niemals genügen, die Werke der Barmherzigkeit völlig auf die Institutionen »abzuwälzen«. In der Enzyklika *Deus Caritas est* hat der Heilige Vater das klar gesagt:

»Liebe – Caritas – wird immer nötig sein, auch in der gerechtesten Gesellschaft. Es gibt keine gerechte

Staatsordnung, die den Dienst der Liebe überflüssig machen könnte. Wer die Liebe abschaffen will, ist dabei, den Menschen als Menschen abzuschaffen. Immer wird es Leid geben, das Tröstung und Hilfe braucht. Immer wird es Einsamkeit geben. Immer wird es auch die Situationen materieller Not geben, in denen Hilfe im Sinn gelebter Nächstenliebe nötig ist. Der totale Versorgungsstaat, der alles an sich zieht, wird letztlich zu einer bürokratischen Instanz, die das Wesentliche nicht geben kann, das der leidende Mensch – jeder Mensch – braucht: die liebevolle persönliche Zuwendung. Nicht den alles regelnden und beherrschenden Staat brauchen wir, sondern den Staat, der entsprechend dem Subsidiaritätsprinzip großzügig die Initiativen anerkennt und unterstützt, die aus den verschiedenen gesellschaftlichen Kräften aufsteigen und Spontaneität mit Nähe zu den hilfsbedürftigen Menschen verbinden. Die Kirche ist eine solche lebendige Kraft: In ihr lebt die Dynamik der vom Geist Christi entfachten Liebe, die den Menschen nicht nur materielle Hilfe, sondern auch die seelische Stärkung und Heilung bringt, die oft noch nötiger ist als die materielle Unterstützung. Die Behauptung, gerechte Strukturen würden die Liebestätigkeit überflüssig machen, verbirgt tatsächlich ein materialistisches Menschenbild: den Aberglauben, der Mensch lebe »nur von Brot« (Mt 4,4; vgl. Dtn 8,3) – eine Überzeugung, die den Menschen erniedrigt und gerade das spezifisch Menschliche verkennt.«[19]

Um diese geistig-seelische Dimension des Menschen geht es bei den geistigen Werken der Barmherzigkeit. Dem heiligen Johannes Chrysostomus († 407) wird folgendes Wort zugesprochen:

»In der Kirche gibt es nicht nur leiblich Arme, nicht nur solche, deren Leib hungrig ist oder die leiblich obdachlos sind. Es gibt auch geistlich Arme: ohne die Speise der Gerechtigkeit, ohne den Trank der Gotteserkenntnis, solche, die das Kleid Christi entbehren ... Es gibt Fremdlinge, deren Herz obdachlos ist, solche, deren Mut schwach und hinfällig ist, geistig Blinde, in ihrem Ungehorsam Taube und Leute, die an verschiedenen geistlichen Krankheiten leiden und so krank sind, dass ihnen vor jeder Art geistlicher Nahrung graust.«[20]

Die caritativen Orden sind in dieser Perspektive entstanden: Es genügt nicht nur, die Kranken professionell richtig zu pflegen, es muss auch die menschliche Zuwendung stimmen und die geistliche. Eine rein materielle Barmherzigkeit würde, wie Papst Benedikt XVI. sagt, den Menschen verachten, ihm vorenthalten, was er notwendig braucht.

Unter allen geistlichen Werken der Barmherzigkeit ist wohl das am tiefsten ins Geheimnis der Barmherzigkeit hineinreichende: »denen, die uns beleidigt haben, gerne verzeihen«. Hier zeigt sich am deutlichsten, dass Institutionen der Barmherzigkeit das nicht leisten können, so wichtig ihre Beiträge auch sind, etwa in der Form von Wiedergutmachungsleistungen. Das gilt auch für »Wahrheitskommissionen«, die an begangenes Unrecht erinnern. Aber das allein kann nicht ausreichen. Wenn das Herz nicht selber den Schritt zur Vergebung tut, kann keine Gerechtigkeit der Welt das geschehene Unrecht reparieren. Stefanus betet sterbend: »Herr, rechne ihnen diese Sünde nicht an« (Apg 7,60). Er tut hier, was Jesus selber am Kreuz getan hat: »Vater, vergib ihnen, denn sie wissen nicht, was sie tun« (Lk 23,34).

Die Barmherzigkeit muss größer sein als die Gerechtigkeit. Ohne Barmherzigkeit wird die Gerechtigkeit selber zum Unrecht. Sie führt zum Gericht. Allein die Barmherzigkeit besiegt das Gericht. Wir alle hoffen auf diesen Sieg. Er ist unsere einzige Hoffnung.

VIII. Die Mutter der Barmherzigkeit

Salve Regina, Mater Misericordiae,
Vita, Dulcedo et Spes nostra salve!
Ad te clamamus, exsules filii Hevae,
Ad te suspiramus, gementes et flentes,
In hac lacrimarum valle.
Eja ergo advocata nostra
Illos tuos misericordes oculos ad nos converte
Et JESUM, benedictum fructum ventris tui
Nobis post hoc exilium ostende
O Clemens, o pia, o dulcis Virgo Maria

Sei gegrüßt, o Königin, Mutter der Barmherzigkeit;
unser Leben, unsere Wonne, unsere Hoffnung, sei gegrüßt!
Zu dir rufen wir, verbannte Kinder Evas,
zu dir seufzen wir, trauernd und weinend in diesem Tal der Tränen.
Wohlan dem, unsere Fürsprecherin, wende deine barmherzigen Augen uns zu,
und nach diesem Elend [d.h. diesem Exil, diesem Leben in der Fremde]
zeige uns Jesus, die gebenedeite Frucht deines Leibes,
o gütige, o milde, o süße Jungfrau Maria

Die barmherzigen Augen

Robert Hupka († 2001), der begnadete Fotograf jüdischer Herkunft, Christ geworden, in Wien Schüler am Schottengymnasium, 1938 vor der »braunen Flut« nach New York emigriert, war mir ein lieber Freund geworden. 1960 hat er bei der Weltausstellung in New York 5000 Fotos von der Pietà gemacht. In langen Nächten war er ganz allein mit der Pietà, diesem unglaublichen Werk, das Michelangelo († 1564) mit 25 Jahren geschaffen hat, das heute im Petersdom steht. Er durfte stundenlang fotografieren, sie von allen Seiten beleuchten. Es sind unvorstellbare Bilder geworden.

Kurz vor seinem Tod konnte ich ihn noch einmal in seiner bescheidenen Wohnung in New York besuchen. An den Wänden, die von Archivschränken voll waren, war nur wenig Platz für Bilder, aber es gab dort eines dieser Bilder der Pietà. Die Muttergottes hat den Blick gesenkt. Robert Hupka war damals schon sehr schwach und lag die meiste Zeit auf seinem Bett. Ich sagte zu ihm: »Wenn du dann drüben bist, dann wird sie die Augen aufschlagen und dich anschauen.« So haben wir uns verabschiedet, und ich bin sicher, sie hat ihn mit ihren barmherzigen Augen angeschaut.

Eines der schönsten Gebete der Christenheit – leider viel zu wenig bekannt und verwendet – wird bei den Sterbenden gebetet, es kann auch heute noch verwendet werden: *Proficere, anima Christia-*

na – »Brich auf, christliche Seele«. Im Moment des Sterbens wird gebetet, dass Maria dem Sterbenden entgegenkomme und ihn mit ihren barmherzigen Augen ansehen möge. Wie großartig muss das sein, ihrem Blick zu begegnen! Wie war das bei Bernadette Soubirous († 1879) oder den drei Kindern von Fatima? Doch es sind nicht die Seher allein, es gibt ein überwältigendes Zeugnis von Menschen aller Völker, dass Maria überall, in allen Ländern der Erde als »Mutter der Barmherzigkeit« aufgesucht und geliebt wird. Weltweit lässt sich sehen, was eines der ältesten überlieferten Mariengebete sagt:

»Unter deinen Schutz und Schirm fliehen wir, Heilige Gottesgebärerin. Verschmähe nicht unser Gebet in unseren Nöten, sondern errette uns jederzeit aus allen Gefahren, o du glorwürdige und gebenedeite Jungfrau, unsere Frau, unsere Mittlerin, unsere Fürsprecherin. Führe uns zu deinem Sohne, empfiehl uns deinem Sohne, stelle uns vor deinem Sohne.«[21]

Die ältesten auf Papyrus erhaltenen Fassungen dieses Gebets haben eine schöne Besonderheit. Der Beginn lautet nicht »unter deinem Schutz und Schirm«, sondern »unter deine Barmherzigkeit fliehen wir, Gottesgebärerin …«.[22] Das Wort *eusplanchnía* meint den guten Mutterschoß, die »Eingeweide des Wohlwollens«, also das Mutterherz im vollsten Sinn: Zu deinem Mutterherzen flüchten wir; in deinem Mutterschoß bergen wir uns. Angesprochen ist, was die Mutter auszeichnet: ihr Blick, ihr Herz, ihr Schoß.

Bei seinem letzten Polen-Besuch sagte Papst Johannes Paul II. in Kalwaria Zebrzydowska, dem von ihm so geliebten Wallfahrtsort nahe seiner Geburtsstadt und Krakau:

»Wie oft habe ich die Erfahrung gemacht, dass die Mutter des Sohnes Gottes ihre barmherzigen Augen auf die Sorgen des bekümmerten Menschen richtet und ihm die Gnade erwirkt, schwierige Probleme zu lösen, und dass er, in der Kleinheit seiner Kraft, von Staunen erfüllt wird angesichts der Kraft und der Weisheit der Göttlichen Vorsehung.«[23]

Das ist die Erfahrung des Papstes, der eine so tiefe, innige Beziehung zur Mutter der Barmherzigkeit hatte. Was ist das Geheimnis, dass Maria die Herzen so unvergleichlich berührt? Ist sie uns Menschen näher als der heilige Gott, näher selbst als der Sohn Gottes? Eine Predigt des heiligen Bernhard von Clairvaux († 1153) zum Fest Mariä Geburt kann hier weiterhelfen. Auf den ersten Blick scheint sie gewisse Vorurteile zu bestätigen, dass die Marienverehrung sich zwischen Gott und uns dränge und so eine Verfälschung des ursprünglich Christlichen darstelle, denn Christus allein ist der Mittler des Heils.

»Aus tiefstem Herzensgrund, mit der ganzen Liebe unseres Gemütes und aller Hingabe wollen wir diese Maria ehren, denn so ist der Wille Gottes: er wollte, dass wir alles durch Maria haben. Ja, das ist sein Wille, doch für uns. In allem und durch alles sorgt er nämlich für die Elenden: er lindert unsere Angst, weckt den Glauben, stärkt die Hoffnung, überwindet das Misstrauen, richtet den Kleinmut auf. Vor den Vater hinzutreten hattest du Angst; schon allein beim Hören erschrakst du und flohst zu den Blättern: So gab er dir Jesus als Mittler. Was würde ein solcher Sohn bei einem solchen Vater nicht erlangen? Er wird sicher um seiner Ehrfurcht willen erhört werden (Hebr 5,7), denn ›der Vater liebt den Sohn‹ (Joh 5,20). Oder zitterst du auch vor ihm? Dein Bruder ist er und dein Fleisch, er wurde in allem in Versuchung geführt, ohne zu sündigen (Hebr 4,15), ›um barmherzig zu werden‹ (Hebr 2,17). Ihn gab dir Maria als Bruder. Doch vielleicht erschrickst du auch bei ihm vor der göttlichen Majestät, denn obwohl er Mensch wurde, blieb er doch Gott. Willst du auch bei ihm einen Fürsprecher haben? Wende dich an Maria! Reine Menschlichkeit findest du bei Maria, nicht nur rein von jeder Befleckung, sondern auch rein, da sie nur diese Natur besitzt. Und ich möchte sagen, ohne zu zweifeln: Auch sie wird um ihrer Ehrfurcht willen erhört werden. Erhören wird doch der Sohn die Mutter, und erhören wird der Vater den Sohn. Meine lieben Söhne, das ist die Leiter für die Sünder, das meine größte Zuversicht, das der ganze Grund meiner Hoffnung! Wieso denn? Kann der Sohn etwa zurückweisen oder eine Zurückweisung erhalten? Dass er nicht hört oder nicht gehört wird – kann das beim Sohn vorkommen? Sicher keines von beiden! ›Du hast‹, sagt der Engel, ›bei Gott Gnade gefunden‹ (Lk 1,30). Welch ein Glück! Immer wird Maria Gnade finden, und nur Gnade ist es, was wir brauchen. Die kluge Jungfrau verlangte nicht nach Weisheit wie Salomo, nicht nach

Reichtum, nicht nach Ehren, nicht nach Macht, sondern nach Gnade. Allein die Gnade ist es nämlich, durch die wir gerettet werden.«[24]

Gott selbst will, dass wir Maria ehren, weil er wollte, dass wir alles durch sie haben. So will Er es für uns. Ist Maria also »die Quelle aller Gnaden«? Sie ist sicher nicht ihr Ursprung. Sie hat Gnade gefunden, nicht verursacht. Aber sie kann als Instrument der Gnade wirken.

Bernhard greift sehr gelungen das Wort des Engels auf: »Du hast bei Gott Gnade gefunden.« Immer wird Maria Gnade finden. Und Gnade, nur Gnade, brauchen wir. Weil sie die ganz Begnadete ist, kann sie auch uns alle Gnaden erbitten. Das ist nicht nur eine theologische Gewissheit, es ist die einhellige Erfahrung des Glaubens. Beiden, der Glaubenslehre und der Glaubenserfahrung, sei daher im Folgenden nachgegangen. Dazu will ich mich in drei Schritten dem Geheimnis Marias als Mutter der Barmherzigkeit annähern: Zuerst erscheint ihre Erwählung als reines Werk der Barmherzigkeit Gottes, dann der Glaubensweg Marias als »Schule der Barmherzigkeit« und schließlich ihre vollendete Mutterschaft der Barmherzigkeit, in der wir sie in allen Nöten aufsuchen können.

Die Erwählung Marias

Das Geheimnis Marias ist zuerst das einer Erwählung. Völlig frei, in einer Wahl reiner Gnade, hat Gott sie vorausbestimmt, vorbereitet und sie der Menschheit geschenkt. Das ist die Basis von allem, was wir im Glauben von Maria bekennen. Sie hat nichts von sich aus dazu getan. Sie hat zur Wahl Gottes ihr freies Ja gesagt, aber die Wahl war Gottes freie Vorgabe.

Denken wir an die heilige Bernadette Soubirous. Nichts lag von ihrer Seite vor, was ihre Erwählung begründen würde. Warum wählt Maria Lourdes, um sich zu zeigen? Warum nicht eine bedeutende Stadt? Warum nicht in Lourdes jemanden Gebildeten, aus den »guten Familien«? Warum ein Kind ärmster Leute, die im ehemaligen Dorfgefängnis wohnen, ein Kind, das nicht lesen und schreiben kann, und nicht einmal weiß, was die Katechismus-Antwort auf die Frage nach der Dreifaltigkeit ist? Es ist die freie, souveräne Wahl Marias. Im Nachhinein zeigt sich darin eine tiefe Stimmigkeit. Es passt so sehr zu Gottes Handeln in der Bibel, der bevorzugt das Kleine, Unbedeutende erwählt, um die zu beschämen, die »etwas sind« und in der Welt etwas gelten. Der Blick auf Lourdes und auf Bernadette zeigt das, was die »Analogie des Glaubens« genannt wird (KKK 114): die Erfahrung der Glaubensgeschichte erhellt den Sinn der biblischen Ereignisse und umgekehrt. Lourdes hilft mir, die Wahl Nazaret besser zu verstehen, Bernadette die Erwählung Marias.

Diese freie, souveräne Wahl Gottes ist etwas Wunderbares und Beglückendes, nicht das Ergebnis menschlicher Leistung, nicht durch eine Postenausschreibung, Bewerbungen, eine Jury, ein Auswahlverfahren zustande gekommen, sondern allein durch Gottes freie Wahl.

Freilich verachtet Gott all das – Vorbereitung, Bildung, Kompetenz, Begabtenförderung etc. – nicht. Wenn Bernadette erwählt wird, heißt das nicht, dass die anderen geringgeschätzt werden. Eine Erwählung bedeutet keine Verachtung oder gar »Diskriminierung« der anderen. Die Erwählung Marias (wie auch die Wahl Bernadettes) ist nicht »Selbstzweck«, sondern zugleich Sendung. Bei wem ist das deutlicher als bei Maria? Sie ist nicht von Gott erwählt, um sich einsam eines Privilegs zu erfreuen, sondern um das Instrument des Erbarmens Gottes für alle Generationen zu sein.

Die Wahl Gottes zeigt sich besonders im Geheimnis der Immaculata. So wird sie sich Bernadette gegenüber bezeichnen: »Ich bin die Unbefleckte Empfängnis.« Vom ersten Moment ihrer Existenz, vom Augenblick ihrer Empfängnis an ist sie die Begnadete. Père Marie-Eugène de l'Enfant-Jésus (Grialou, † 1967), der große Karmelit, dessen Seligsprechung bald erwartet wird, sagt: »Die Barmherzigkeit Gottes hat nie ein schöneres Werk vollbracht als das, was sie in der Jungfrau Maria verwirklicht hat. Sie [die Barmherzigkeit Gottes] war nie freier, nie geschenkter. Hier gelten nicht die Gesetze der Gerechtigkeit. Es ist reine Barmherzigkeit, dass die Jungfrau unbefleckt empfangen ist, und dass sie diese unvergleichliche erste Gnade erhält.«[25]

Marias Erwählung ist reine Gnade, völlig ungeschuldet, souveräne Tat der Barmherzigkeit Gottes. Sie ist nicht einfach willkürlich, sondern ein von Gott gesetzter Neuanfang mit einer Vorgeschichte. Im *Magnificat,* ihrem Lobgesang auf Gottes Erbarmen, sagt Maria: »Er erbarmt sich von Geschlecht zu Geschlecht« (Lk 1,50) und sie lobt Gott dafür, dass er sich seines Knechtes Israel annimmt: »Er denkt an sein Erbarmen, das er unsern Vätern verheißen hat, Abraham und seinen Nachkommen auf ewig« (Lk 1,54f). Maria sieht ihre Erwählung als die Erfüllung einer uralten Verheißung, einer Hoffnung vieler Generationen. Gott löst sein Versprechen ein und schenkt seinem Volk sein Erbarmen. Maria ist dieses Geschenk.

Maria – nicht ohne Israel. Eine neue Sicht der Lehre von der Unbefleckten Empfängnis: So heißt ein neues Buch von Gerhard Lohfink und Ludwig Weimer, zwei Theologen der »Integrierten Gemeinde« *(Freiburg i.Br. 2008).* Zu Recht weisen sie darauf hin, dass Maria nie von ihrem Volk losgelöst gesehen werden kann. Gott hat sie von der Erbsünde bewahrt, aber er hat sie nicht aus der Geschichte des erwählten Volkes herausgelöst. Ihre Begnadung ist reines Geschenk, wie bei den vielen Getreuen und Gerechten des Alten Bundes, die wie Maria »auf die Rettung Israels« (vgl. Lk 2,25), »auf die Erlösung Jerusalems« (vgl. Lk 2,38) warteten.

Maria gehört zu ihrem Volk, das Gottes eigenes Volk ist. Ihr Geschick ist nicht von der Geschichte Gottes mit Israel zu trennen, von der schmerzlichen Erziehung Israels, auf Gottes Wort zu hören (»Höre, Israel …«), Gottes Willen zu erkennen und zu tun, letztlich zu einer Liebe zu finden, die alles erfassen und bestimmen soll: »Du sollst den Herrn, deinen Gott, lieben mit deinem ganzen Herzen und mit deiner ganzen Seele und mit deiner ganzen Kraft und mit deinem ganzen Denken und deinen Nächsten wie dich selbst« (Lk 10,27; Dtn 6,5).

Das bezeugt einen einzigartigen Weg. Alles im Menschen wird von der Liebe des Menschen zu Gott als Antwort auf die völlig bedingungslose, grenzenlose Liebe Gottes zum Menschen bestimmt. Einzigartig ist auch die schonungslose Offenheit, mit der die Abwege und Irrwege des menschlichen Herzens beschrieben werden, die sich dieser Liebesbeziehung entziehen wollen (siehe oben Kapitel II). Das wunderbare Geheimnis Marias wird nur verständlich aus der Liebesgeschichte Gottes mit seinem Volk, seinem unermüdlichen Werben um eine Liebe, die immer wieder zu den Götzen abirrt.

Maria ist nicht einfach »das Endprodukt« einer langen Entwicklung. »Das es Maria gibt, ist reines

Wunder.«[26] Sie ist die Morgenröte der neuen Schöpfung. In ihr leuchtet der »Morgenglanz der Ewigkeit«, wie ein Kirchenlied singt. *»Tota pulchra es, Maria, et macula originalis non est in te«* (»Ganz schön bist du, Maria, kein Makel der Erbsünde ist in dir«). Anton Bruckners Vertonung dieser Antiphon zum Beispiel ist von unbeschreiblicher Schönheit und Reinheit. Maria ist, wie Ida Friedericke Görres († 1971) es genannt hat, »das unverdorbene Konzept«, das, was der Schöpfer mit dem Menschen wollte (so der Titel eines Büchleins aus dem Jahr 1968).[27] In Maria schauen wir gewissermaßen den ursprünglichen Plan des Schöpfers, und zugleich das Ziel, den erlösten Menschen, von dem Paulus sagt: »Er, Gott hat uns der Macht der Finsternis entrissen und uns in das Reich seines geliebten Sohnes aufgenommen« (Kol 1, 13). Deshalb ist Maria so unvergleichlich anziehend und tröstend wie keine andere menschliche Gestalt.

Maria als Glaubende

Maria ist dennoch nicht als »Mutter der Barmherzigkeit« geboren, sondern dazu geworden. Sie ist »den Pilgerweg des Glaubens gegangen« (Lumen gentium 58). Ihr Weg ist für uns Vorbild, wie wir zur Barmherzigkeit gelangen und sie uns zu Eigen machen können.

Zwei Einwände tauchen immer wieder auf,

wenn es um Maria und ihre Verehrung geht: Wir wissen doch wenig von ihr. Das biblische Zeugnis ist schmal. Und viele stoßen sich immer wieder am affektiven, gefühlsbetonten Charakter der Marienverehrung sowie an gewissen Formen, die sie als übertrieben, ja als ungesund empfinden.

Zweifellos sind die neutestamentlichen Aussagen über Maria spärlich, ganz in Kontrast zu einer überbordenden Marienfrömmigkeit. Deshalb wird eine solche als unbiblisch oder gar heidnisch beeinflusst abgelehnt. Dazu kommt, dass die wenigen Äußerungen Jesu über seine Mutter »von auffallend herber Zurückhaltung« sind, wie Heinrich Spaemann sagt.[28] Dagegen wirken die frommen Vorstellungen von der Innigkeit zwischen Mutter und Sohn wie ein Kontrast: die nüchterne Bibel gegen eine übertriebene Marienfrömmigkeit.

So karg die neutestamentlichen Äußerungen über Maria sind, so sehr geben sie doch einen Zugang zum Inneren der Beziehung Jesu und Marias, die mit der »Analogie des Glaubens« durchaus tiefe Einsichten ermöglicht. Die Marienfrömmigkeit hat etwas von der Spontaneität des Herzens. Sie ist nicht »verkopft«, sondern ähnelt ein wenig der Reaktion einer Frau aus dem Volk, die einmal Jesus zuruft: »Selig der Leib, der dich getragen, und die Brust, die dich genährt hat« (Lk 11, 27). Diese Frau bewundert Jesus, und sie schließt die Mutter in diese Bewunderung mit ein: Was für ein Glück muss es für die Mutter sein, einen solchen Sohn zu haben!

Jesus scheint abweisend zu reagieren: »Selig sind vielmehr die, die das Wort Gottes hören und es befolgen« (Lk 11, 28). Ähnlich herb klingen andere Worte Jesu, seine Mutter betreffend, etwa, als man ihm sagt, seine Mutter und seine Brüder seien draußen vor dem Haus: »Wer ist meine Mutter und wer sind meine Brüder? … Wer den Willen Gottes tut, der ist mir Bruder und Schwester und Mutter« (Mt 3, 33–35). Noch herber ist das Wort des Zwölfjährigen im Tempel: »Warum habt ihr mich gesucht? Wusstet ihr nicht, dass ich in dem sein muss, was meines Vaters ist?« (Lk 2, 49). Und bei der Hochzeit zu Kana sagt er: »Was willst du von mir, Frau? Meine Stunde ist noch nicht gekommen« (Joh 2, 4).

Nun zeigt gerade die Reaktion Marias auf diese scheinbar abweisenden Worte Jesu, wie Maria ihren »Pilgerweg des Glaubens« geht. Da ist zuerst einfach das »Nicht-Verstehen«, schmerzlich steht es da (vgl. Lk 2, 50), aber auch ein zustimmendes Sich-Fügen: »Tut alles, was er euch sagt« (Joh 2, 5) bei der Hochzeit von Kana. Jesus verweist seine Hörer – und auch seine Mutter – auf den Willen Gottes. Darum geht es. Der Wille Gottes ist Jesu »Speise« (Joh 4, 34). Dorthin will er uns führen: »Kommt und seht!« Das aber ist auch der Weg der Mutter Jesu: »Mir geschehe nach deinem Wort!« Ihr Weg ist der Wille Gottes, ganze, ungeteilte Hingabe an ihn. Für Jesus kommt das erste Gebot vor dem vierten, der Wille Gottes vor dem der Eltern.

Was aufs Erste wie eine Unbarmherzigkeit Jesu seiner Mutter gegenüber aussieht, ist in Wirklichkeit der gemeinsame Weg, die Schule der Barmherzigkeit Gottes. Schritt für Schritt muss Maria den Weg gehen, den Jesus ihr zumutet. Sie muss die spontanen mütterlichen Reaktionen überwinden und in die Perspektive seiner Sendung eintreten. Freilich war Marias Liebe zu ihrem Sohn keine sündhafte Anhänglichkeit. Die trostlosen Zerrbilder einer symbiotischen Mutter-Sohn-Beziehung, wie sie in der Nachkriegsgeneration der Kriegswitwen und -waisen häufig vorkamen, können heute aus der oft so schwierigen Situation allein erziehender Mütter entstehen, wo die Affektivität sich in ungesunder, exklusiver Weise auf den Sohn bezieht und dieser in einer seelischen Abhängigkeit von der Mutter bleibt.

Maria hatte keine solche »symbiotische« Sohnesbeziehung oder gar eine neurotische Mutter-Sohn-Fixierung, wie es etwa der Freud-Schüler Ernest Jones († 1958) annahm, wobei er nebenbei gleich den Zölibat als Resultat einer »ödipalen« Sohn-Mutter-Bindung deutete *(Zur Psychoanalyse der christlichen Religion, Frankfurt 1970)*. Dass es auch neurotische Fehlformen des Christlichen gibt, ist unbestritten. Neurosen können sich gut religiös »kostümieren«. Aber sie zeigen ihren Krankheitscharakter sehr bald darin, dass sie unfruchtbar sind, ja lebensbehindernd, sogar zerstörend.

Wenn man schon mit der schwachen Laterne

der Psychologie in das Leben Jesu und Marias hineinleuchten will, dann stellt man vor allem fest, dass die Beziehung von Mutter und Sohn sich als (psychologisch) gesund erweist, weil sie fruchtbar ist. Sie ist ein Weg der immer klarer bejahten und angenommenen Sendung. Sie ist ein Weg einer immer weiteren Herzenshaltung. Jesus lässt seine Mutter immer vollständiger an seiner Heilssendung teilhaben. Ihr Ja, das am Anfang ihres Weges stand, wird immer klarer zum Ja zu Gottes Willen, der Seinem und ihrem Sohn den Weg des Leidens und des Kreuzes zumutet.

Die Volksfrömmigkeit hat das mit dem feinem Gespür des Herzens erfasst, wenn sie über die sieben Schmerzen Marias meditiert, mit Maria leidet, ihr Leid nachfühlt (vgl. etwa das Lied »Christi Mutter stand mit Schmerzen ...« oder die Kreuzwegstation: »Jesus begegnet seiner Mutter«).

In der Tiefe betrachtet zeigt sich, wie das Herz Marias mit dem ihres Sohns gleichgestaltet wird. Sein Verlangen wird ihr Verlangen: das Heil aller Menschen. Sie hat dafür die spontanen mütterlichen Herzensneigungen zu ihrem Kind hingegeben und ihren Sohn völlig »freigegeben«, damit er seine Sendung erfüllen kann. Dazu hat sie selber zum Kreuz Ja gesagt. Deshalb ist sie am Kreuz von Jesus zur Mutter aller seiner Jünger gemacht worden.

Die spontane Reaktion des Mutterherzens wäre gewesen, die zu hassen, die ihren Sohn töten. Getötet aber haben Jesus nicht in erster Linie die jüdischen Autoritäten, die damals seine Verurteilung durch Pontius Pilatus erwirkt haben, sondern getötet haben wir ihn durch unsere Sünden. Im Einklang mit dem Herzen ihres Sohnes hat Maria die, die ihn töteten, nicht gehasst, sondern für sie gelitten, und seither gilt ihre Liebe besonders den »armen Sündern«, für die Jesus gestorben ist, auch wenn er ihretwegen, ja durch sie gestorben ist. Daran erinnert ein erstaunlicher Text aus dem Katechismus des Konzils von Trient:

»Diese Schuld trifft vor allem jene, die wiederholt in die Sünde zurückfallen. Denn da unsere Sünden Christus den Herrn in den Kreuzestod trieben, so ›kreuzigen‹ tatsächlich jene, die sich in Sünden und Lastern wälzen, ›soweit es auf sie ankommt, den Sohn Gottes aufs neue und treiben ihren Spott mit ihm‹ (Hebr 6, 6) – ein Verbrechen, das bei uns noch schwerer erscheinen mag, als es von Seiten der Juden war. Denn diese hätten, wie der Apostel sagt, ›den Herrn der Herrlichkeit niemals gekreuzigt, wenn sie ihn erkannt hätten‹ (1 Kor 2, 8). Wir aber behaupten, ihn zu kennen, und dennoch legen wir gleichsam Hand an ihn, indem wir ihn durch die Tat verleugnen.«[29]

Franz von Assisi schreibt etwas Ähnliches in seinen Ermahnungen an die Gläubigen: »Dämonen sind nicht die, die ihn gekreuzigt haben, sondern du, der du ihn zusammen mit ihnen gekreuzigt hast und immer noch kreuzigst, indem du dich in Lastern und Sünden vergnügst.«[30]

Das ist das Geheimnis der »Mutter der Barmherzigkeit«. Sie ist unter dem Kreuz die »Zuflucht der Sünder« geworden, all derer, die durch ihre Sünden Jesus getötet haben, der für ihre Sünden gestorben ist, Er, »das Lamm Gottes, das die Sünde der Welt hinwegnimmt«.

Der deutsche Theologe und Dogmatiker Johannes Stöhr hat tief und einfühlsam versucht zu formulieren, was das Geheimnis der Mutter der Barmherzigkeit unter dem Kreuz ist:

»Je erlösungsbedürftiger (je elender und sündhafter) ein Mensch, um so mehr Anspruch hat er auf das mütterliche Heilsvermitteln Mariens; ist sein Sündenelend noch so groß und tief, der himmlischen Mutter eignet ein Vorrecht, gerade die entscheidensten Wunder der Barmherzigkeit Gottes und Christi zu erflehen. Es eröffnet sich hier ein ›Geheimnis des Erbarmens‹, das wir hienieden nur in etwa erahnen können. In Maria hat uns Christus nicht nur ein Vorbild oder einen weit zurückliegenden Tugendspiegel, sondern einen bis zuletzt gangbaren Weg zum Heil geschenkt: den Weg zur Mutter der Barmherzigkeit, die jedem einzelnen wirklich mit ihrer Herzenswärme begegnet und in untrennbarer Verbundenheit mit dem Gnadenwirken Christi von innen her helfen kann.«[31]

Maria als Einladung an uns

Durch Maria, die Mutter der Barmherzigkeit, werden wir hingeführt, wie unser Vater barmherzig zu sein und Jesu Barmherzigkeit ins Herz aufzunehmen. Hier könnten zum Beispiel die verschiedenen Botschaften Marias bei ihren Erscheinungen genannt werden. Auf diese Weise führt sie die Menschen, meist Kinder, dazu, selber Botschafter der Barmherzigkeit zu werden.

Allen Botschaften ist eines gemeinsam: die Einladung, am Werk der Erlösung mitzuwirken, wie es Maria selbst einzigartig getan hat. Gnade ist immer auch die Ermöglichung, mit Christus zu wirken. Ein Beispiel dafür ist Fatima. Gerade weil ich mich damit ein wenig schwertue, nenne ich es hier.

»Ihr Mitwirken am Werk Christi führt sie, wie kein anderes Geschöpf, mitten in das Drama von Sünde und Erlösung, in das Zentrum der Heilsgeschichte« (Johannes Stöhr).

IX. Barmherzigkeit für alle?

Die letzte Betrachtung dieses katechetischen Weges durch das Thema der unerschöpflichen göttlichen Barmherzigkeit gilt dem »Endspiel«: Wird es am Ende für alle Barmherzigkeit geben? Wird die grenzenlose Barmherzigkeit Gottes sich an den Grenzen menschlicher Bosheit oder Verschlossenheit als begrenzt erweisen? Wird Gottes Barmherzigkeit doch nicht alle Menschen erreichen, obwohl sie allen Menschen gilt? Das Jüngste Gericht wird der Sieg von Gottes Gerechtigkeit sein. Wird es auch der Sieg von Gottes Barmherzigkeit sein? Wenn Gottes Gerechtigkeit bedeutet, dass wir Menschen auch die Möglichkeit haben, uns für immer und ewig vor Gott verschließen zu können – genau das bedeutet »Hölle« –, bleibt dann Gottes Barmherzigkeit auf der Strecke?

Wie sähe ein Himmel aus, der seine Seligkeit mit der Hölle anderer verbinden müsste?

Was bleibt dann von der Barmherzigkeit? Könnte eine Mutter den Himmel »genießen«, wenn ihr Kind in der Hölle wäre?

Und selbst wenn eine Mutter so sehr ihr Kind vergessen könnte, gilt doch, was der Prophet Jesaja sagt: Gott könnte sein Kind, sein Geschöpf, das er geschaffen hat, niemals vergessen. Könnte er, der nicht gezögert hat, seinen eigenen Sohn zu unserer

Rettung zu geben, es ertragen, dass eines seiner Kinder für immer verloren geht (vgl. Jes 49,15; Röm 8,32)?

Oder sind hier unsere Vorstellungen zu »menschlich«, zu »irdisch«? Was wissen wir schon von der ewigen Seligkeit? Was wissen wir von den letzten, tiefsten Geheimnissen? Müssen wir nicht vor den »letzten Dingen«, vor dem unfassbaren Geheimnis Gottes, wie Ijob es am Schluss tat, den Finger auf den Mund legen und schweigen (vgl. Ijob 40,5)?

Gott will das Heil

Ein Abschnitt aus dem Matthäusevangelium (Mt 9,9–13) weist uns den Weg. Jesus beruft den Zöllner Matthäus, auch Levi genannt, und kehrt bei ihm zum Mahl ein. Das Gastmahl mit den Zöllnern und Sündern provoziert die Frommen. Jesu Antwort auf ihre Fragen lautet: »Nicht die Gesunden brauchen den Arzt, sondern die Kranken. Darum lernt, was es heißt: Barmherzigkeit will ich, nicht Opfer. Denn ich bin gekommen, um die Sünder zu rufen, nicht die Gerechten.«

Es ist die klare, eindeutige Botschaft des Glaubens und die Lehre der Kirche, dass Gott das Heil aller Menschen will. Paulus sagt es ausdrücklich: »Gott will, dass alle Menschen gerettet werden und zur Erkenntnis der Wahrheit gelangen.« Und er fügt als Begründung hinzu: »Denn es gibt nur einen Gott und einen Mittler zwischen Gott und den Menschen, den Menschen Jesus Christus, der sich selbst als Lösegeld für alle dahingegeben hat« (1 Tim 2,4f). Petrus spricht ebenso: »Gott will nicht, dass jemand verlorengeht, sondern dass alle sich bekehren« (2 Petr 3,9). Es ist keine Frage: Gott will das Heil aller Menschen.

C. S. Lewis († 1963) sagt über seinen »geistlichen Vater«, den schottischen Dichter George MacDonald († 1905): »Er hoffte wirklich, dass alle Menschen einmal gerettet werden, aber das nur, weil er hoffte, dass sich alle bekehren. Er weiß (und keiner weiß es besser), dass selbst die Allmacht keinen Unbekehrten erlösen kann.«[32] Ist es also doch eine Barmherzigkeit mit Bedingungen? Ist es so, wie wenn Eltern ihren Kindern sagen: »Wenn du brav bist, dann darfst du (je nach Alter) ins Kino oder in den Prater gehen«? Ist Barmherzigkeit also durch unsere Begrenztheit begrenzt, bedingt durch unsere Halbheiten? Wer kann da noch auf Barmherzigkeit hoffen, wenn sie so sehr abhängt von meiner Bekehrung?

Ist nicht auch die Bekehrung Gnade, und eben nicht mein Verdienst? Wenn aber die Bekehrung die Voraussetzung für Gottes Barmherzigkeit und andererseits ein Geschenk der Gnade und Barmherzigkeit Gottes ist, könnte das nach einem *»circulus vitiosus«*, einem unheilvollen Kreislauf aussehen. Wer aber bekommt die Gnade der Bekehrung?

Würde man sagen: der es verdient hat, muss auch gefragt werden: Kann ich es überhaupt verdienen? Wenn Gott die Gnade aber ausschließlich frei schenkt, muss man fragen: Warum schenkt er die Gnade der Bekehrung dem einen und dem anderen nicht? Dann könnte Gottes Barmherzigkeit als willkürliche Zuteilung verstanden werden: Er erbarmt sich, wessen er sich erbarmen will, und entzieht sein Erbarmen, wem er es vorenthält.

Der Apostel Paulus scheint so etwas wie eine Vorherbestimmung, eine Prädestination, anzusprechen: »Wir wissen, dass Gott bei denen, die ihn lieben, alles zum Guten führt, bei denen, die nach seinem ewigen Plan berufen sind; denn alle, die er im Voraus erkannt hat, hat er auch im Voraus dazu bestimmt, an Wesen und Gestalt seines Sohnes teilzuhaben, damit dieser der Erstgeborene von vielen Brüdern sei. Die aber, die er vorausbestimmt hat, hat er auch berufen, und die er berufen hat, hat er auch gerecht gemacht; die er aber gerecht gemacht hat, die hat er auch verherrlicht« (Röm 8,29–30).

Was ist dann mit den anderen? Sind sie die *»massa damnata«*, eine viel größere Zahl an Seelen, die für immer verloren gehen, wie es viele Theologen und Prediger angenommen haben? Nicht wenige haben so gedacht, dass viele Menschen in der Hölle sind, während nur eine Schar von Auserwählten zum Himmel gelangt. Ein Text des heiligen Augustinus († 430), deutlich und doch schwierig:

»Die gesamte Masse [der Menschheit] verdient die Strafe, und wenn sämtlichen die geschuldete Qual der Verdammnis zuteil würde, so geschähe dies sicherlich nicht zu Unrecht. Welche somit durch Gnade daraus befreit werden, heißen nicht Gefäße ihrer eigenen Verdienste, sondern ›Gefäße des Erbarmens‹ (Röm 9,23). Wessen Erbarmens? Dessen, der Christus Jesus in diese Welt sandte, um Sünder gerecht zu machen (1 Tim 1,15); der sie vorauserkannte und vorausbestimmte *(praedestinavit)* und berief und rechtfertigte und verherrlichte (Röm 8,29f). Wer also wäre derart mit Tollheit geschlagen, dass er nicht unendlichen Dank der Barmherzigkeit dessen sagte, der, die er wollte, befreite, und keinesfalls die Gerechtigkeit dessen beschuldigen könnte, der alle ausnahmslos verdammt hatte?«[33]

Diesem Text liegt eine zentrale, aber heute oft schwer verständliche Einsicht zugrunde: Wir bedürfen alle der Erlösung. »Es gibt keinen Unterschied«, sagt Paulus, »denn alle haben gesündigt und die Herrlichkeit Gottes verloren« (Röm 3,22–23). »Gott hat alle in den Ungehorsam eingeschlossen, um sich aller zu erbarmen« (Röm 11,32). Paulus wiederholt hier nur, was Jesus selber seinen erschreckten Jüngern sagt. Nach dem Wort über die Ehe, deren Unauflöslichkeit, die Ehelosigkeit um des Himmelreiches willen und über die Schwierigkeit, als Reicher ins Reich Gottes zu gelangen, reagieren die Apostel schockiert: »Wer kann da noch gerettet werden?« Jesu Antwort »Für Menschen ist das unmöglich. Für Gott aber ist alles möglich« (Mt 19,3–26).

Ausnahmslos unmöglich und ausnahmslos möglich – das ist wohl der Punkt an der christlichen Lehre, der heute am fremdesten geworden ist. Ich bin absolut erlösungsbedürftig. Wie keiner sich selber das Leben geben kann, so kann keiner sich selber das ewige Leben geben. Weder Leistung noch Bemühen können den Himmel verdienen. Das heißt aber: Ohne sein Erbarmen bin ich hoffnungslos verloren.

Aber ist das nicht der alte »Pfaffentrick«? Zuerst macht man den Leuten die Hölle heiß, droht ihnen mit allen möglichen Qualen, mit ewigen Höllenstrafen, um sie dann zur Bekehrung aufzurufen und Gottes gnädige Barmherzigkeit in die verängstigten Herzen hineinzupredigen? – So kann es wohl nicht sein.

Mit der Höllenpredigt wurde sicher viel Schlimmes angerichtet. Heute droht die andere Gefahr: dass wir unsere eigene Gefährdung nicht mehr wahrnehmen, dass wir nicht mehr spüren, wie sehr unser ewiges Heil gefährdet ist. Früher wurde das durch Höllendrohung und den drastisch ausgemalten Ernst der Todsünde ins Bewusstsein gebracht. Im Stift Vorau (Steiermark) findet sich zum Beispiel in der Sakristei ein erschreckendes Gemälde vom Jüngsten Gericht. Jeder Priester muss an diesem Bild vorbei, bevor er in der Kirche die Heilige Messe feiert, und soll sich an die Mahnung des Paulus erinnern: »Wer isst und trinkt, isst und trinkt sich das Gericht, wenn er den Leib [des Herrn] nicht unterscheidet« (1 Kor 11,29 wörtl.). In der Sixtinischen Kapelle im Vatikan wählen die Kardinäle im Blick auf das Jüngste Gericht von Michelangelo den Papst und bekennen in ihrer Eidesformel, dass sie ihre Wahlentscheidung im Angesicht Gottes treffen, *»qui me iudicaturus est«* (»der mich einmal richten wird«).

Gerechtigkeit in der Welt

Das Gericht nach dem Tod schreckt heute nicht mehr. Viel bedrängender ist die Frage nach der Gerechtigkeit in dieser Welt. Wie Gott so viel Unrecht, Ungerechtigkeit und Leid in dieser Welt zulassen kann, bewegt die Herzen viel tiefer als die Frage, was mit den großen Unrechtstätern nach ihrem Tod geschieht. Papst Benedikt XVI. schreibt in seiner zweiten Enzyklika *Spe salvi* (»Durch Hoffnung sind wir gerettet«, 30. November 2007):

»Der Ausblick auf das Gericht hat die Christenheit von frühester Zeit an als Maßstab des gegenwärtigen Lebens, als Forderung an ihr Gewissen und zugleich als Hoffnung auf Gottes Gerechtigkeit bis in das alltägliche Leben hinein bestimmt ... In der Gestaltung der christlichen Kirchenbauten ... wurde es üblich, an der Ostseite den königlich wiederkommenden Herrn – das Bild der Hoffnung – darzustellen, an der Westseite aber das Weltgericht als Bild der Verantwortung unseres Lebens, das die Gläubigen gerade auf ihrem Weg in den Alltag hinaus anblickte und begleitete.«[34]

Der Heilige Vater sieht einen tiefen Umbruch in der Neuzeit:

»Der Gedanke an das Gericht verblasst: Der christliche Glaube wird individualisiert und vor allem auf das eigene Seelenheil ausgerichtet; die Betrachtung der Weltgeschichte wird stattdessen weitgehend vom Fortschrittsgedanken geprägt. Dennoch ist der tragende Gehalt der Gerichtserwartung nicht einfach verschwunden ... Eine Welt, in der ein solches Ausmaß an Ungerechtigkeit, an Leid der Unschuldigen und an Zynismus der Macht besteht, kann nicht Werk eines guten Gottes sein. Der Gott, der diese Welt zu verantworten hätte, wäre kein gerechter und schon gar nicht ein guter Gott ... So schien es, da kein Gott ist, der Gerechtigkeit schafft, dass nun der Mensch selbst gerufen ist, die Gerechtigkeit herzustellen ... Dass daraus erst die größten Grausamkeiten und Zerstörungen des Rechts folgten, ist kein Zufall, sondern in der inneren Unwahrheit dieses Anspruchs begründet. Eine Welt, die sich selbst Gerechtigkeit schaffen muss, ist eine Welt ohne Hoffnung. Niemand und nichts antwortet auf das Leiden der Jahrhunderte. Niemand und nichts bürgt dafür, dass nicht weiter der Zynismus der Macht, unter welchen ideologischen Verbrämungen auch immer, die Welt beherrscht.«[35]

Die Lügen dieser Ideologien, die die innerweltliche Gerechtigkeit mit Gewalt erzwingen wollte, ist vor allem dann deutlich, wenn man die Leiden der Opfer einfach zu einem Teil des Gangs der Geschichte macht. Die Ideologie entlarvt sich selbst dadurch als Lüge, dass sie zeigt, dass das Leid des Einzelnen in dieser Sicht keinen Platz hat. Im Kommunismus hat man gesagt: Wo gehobelt wird, fliegen eben Späne. Für jene, die unter die Räder der Geschichte gekommen sind, gibt es keine Hoffnung und keine Gerechtigkeit. Denn was nützt es den Opfern, wenn für andere irgendwann einmal in der Welt eine bessere Zukunft kommt, an der sie nicht teilhaben können?

»Ich bin überzeugt«, schreibt Papst Benedikt, »dass die Frage der Gerechtigkeit das eigentliche, jedenfalls das stärkste Argument für den Glauben an das ewige Leben ist« *(Spe salvi 43)*. Das Unrecht darf in der Geschichte nicht das letzte Wort haben. »Nur Gott kann Gerechtigkeit schaffen. Und der Glaube gibt die Gewissheit: Er tut es« *(Spe salvi 44)*. Das ist das Wunderbare am Glauben an das Jüngste Gericht. Gott wird auch den Schrei der Leidenden, der Gefangenen, der Gequälten nicht verhallen lassen. Das Bild des Letzten Gerichts ist nicht zuerst ein Schreckens-, sondern ein Hoffnungsbild.

Mehr noch als ein »Furcht-Bild« ist es »ein Bild der Verantwortung«. Eine der ganz großen Herausforderungen unserer Zeit ist es, mit dem Gericht wieder die Verantwortung in Erinnerung zu rufen. Wir werden einmal Rechenschaft geben müssen, auch über die Ungerechtigkeiten unserer Zeit, an denen wir mitschuldig sind. Wie ist das Verhältnis von Gnade, Barmherzigkeit und Gerechtigkeit? Der Heilige Vater sagt:

»Die Gnade löscht die Gerechtigkeit nicht aus. Sie macht das Unrecht nicht zu Recht. Sie ist nicht ein Schwamm, der alles wegwischt, so dass am Ende dann eben doch alles gleichgültig wird, was einer auf Erden getan hat. Gegen eine solche Art von Himmel und von Gnade hat zum Beispiel Dostojewski in seinen ›Brüdern Karamasow‹ mit Recht Protest eingelegt. Die Missetäter sitzen am Ende nicht neben den Opfern in gleicher Weise an der Tafel des ewigen Hochzeitsmahls, als ob nichts gewesen wäre.«[36]

Was wäre das für eine Barmherzigkeit, wenn sie einfach über alles Leid und Unrecht hinwegginge? »Das Gericht Gottes ist Hoffnung, sowohl weil es Gerechtigkeit, wiewohl weil es Gnade ist. Wäre es bloß Gnade, die alles Irdische vergleichgültigt, würde uns Gott die Frage nach der Gerechtigkeit schuldig bleiben – die für uns entscheidende Frage an die Geschichte und an Gott selbst. Wäre es bloß Gerechtigkeit, würde es für uns alle am Ende nur Furcht sein können« *(Spe salvi 47)*. Die Neuzeit hat den Gedanken an das Gericht ins Innerweltliche verlagert. Doch die schrecklichen Erfahrungen des 20. Jahrhunderts haben gezeigt, dass wir uns der Frage nach dem göttlichen Gericht nicht entziehen können.

Wie aber stehen Gerechtigkeit und Barmherzigkeit im Angesicht des Gerichtes Gottes zueinander?

Mit dem Tod des Menschen ist die Entscheidung über das Leben endgültig, so war es immer kirchliche Lehre. Diese Entscheidung, die nicht in einem Augenblick, sondern im Lauf des ganzen Lebens entstanden ist, sieht bei verschiedenen Menschen unterschiedlich aus. »Es kann Menschen geben, die in sich den Willen zur Wahrheit und die Bereitschaft zur Liebe völlig zerstört haben. Menschen, in denen alles Lüge geworden ist; Menschen, die dem Hass gelebt und die Liebe in sich zertreten haben. Dies ist ein furchtbarer Gedanke, aber manche Gestalten gerade unserer Geschichte lassen in erschreckender Weise solche Profile erkennen. Nichts mehr wäre zu heilen an solchen Menschen, die Zerstörung des Guten unwiderruflich: Das ist es, was mit dem Wort ›Hölle‹ bezeichnet wird.« Das hat die Kirche als Möglichkeit ohne Zweifel immer gelehrt, auch wenn sie nie von einem bestimmten Menschen gesagt hat, dass er in der Hölle sei. »Auf der anderen Seite kann es ganz reine Menschen geben, die sich ganz von Gott haben durchdringen lassen und daher ganz für den Nächsten offen sind – Menschen, in denen die Gottesgemeinschaft jetzt schon all ihr Sein bestimmt und das Gehen zu Gott nur vollendet, was sie schon sind« *(Spe salvi 45)*.

Wo stehe ich selber? Wahrscheinlich schätzen sich die meisten Menschen irgendwo in der Mitte ein. Dass die Liebe in mir völlig erstorben sei, dass das Böse von mir völlig Macht ergriffen hat, will ich wahrhaft nicht hoffen. Dass die Liebe in mir völlig rein sei, dass »sie mich durch und durch prägt«, wage ich nicht zu behaupten. Was für eine Bedeutung hat in dieser Situation das Gericht? Hier greift die kirchliche Lehre vom Fegefeuer, dem Purgatorium, der Reinigung ein. Der Apostel Paulus spricht vom »Feuer«, durch das unser Lebenswerk hindurch muss, wenn wir sterben, dieses Feuer ist Christus selber (vgl. 1 Kor 3,12–15). Der Heilige Vater fasst diese Lehre zusammen:

Die Begegnung mit Christus »ist es, die uns umbrennt und freibrennt zum Eigentlichen unserer selbst. Unsere Lebensbauten können sich dabei als leeres Stroh, als bloße Großtuerei erweisen und zusammenfallen. Aber in dem Schmerz dieser Begegnung, in der uns das Unreine und Kranke unseres Daseins offenbar wird, ist Rettung. Sein Blick, die Berührung seines Herzens heilt uns in einer gewiss schmerzlichen Verwandlung ›wie durch Feuer hindurch‹. Aber es ist ein seliger Schmerz, in dem die heilige Macht seiner Liebe uns brennend durchdringt, so dass wir endlich ganz wir selber und dadurch ganz Gottes werden. So wird auch das Ineinander von Gerechtigkeit und Gnade sichtbar: Unser Leben ist nicht gleichgültig, aber unser Schmutz befleckt uns nicht auf ewig, wenn wir wenigstens auf Christus, auf die Wahrheit und auf die Liebe hin ausgestreckt geblieben sind. Er ist im Leiden Christi letztlich schon verbrannt. Im Augenblick des Gerichts erfahren und empfangen wir dieses Übergewicht seiner Liebe über alles Böse in der Welt und in uns. Der Schmerz der Liebe wird unsere Rettung und unsere Freude sein.«[37]

In diesem Sinn ist das Purgatorium ein Bild der Hoffnung, ganz anders und um vieles hoffnungsvoller als die Idee der Reinkarnation, der vielen Wiedergeburten, die heute enorm populär ist. Danach müsste der Mensch selber durch viele Wiedergeburten die Last seines Karmas, seiner angehäuften Schuldberge abtragen.

Neben dem Hoffnungsbild bleibt die Frage der Hölle als ein dunkles Mysterium. Ja, es gibt die unheimliche Wirklichkeit, dass die Liebe in sich verkümmert ist und der Hass alles prägt. Es gibt diese unwiderrufliche Zerstörung des Guten. Dabei kommen uns Namen wie Stalin und Pol Pot, Hitler oder Himmler in den Sinn. Aber auch sie hatten Mütter, vielleicht fromme Mütter (Stalin sicher). Auch für sie ist Christus gestorben, hat er sein Leben hingegeben. Wären es viele, die diese »Hölle« gewählt hätten? Dachte die augustinische Tradition noch an eine große Menge, die Mehrheit der Menschen, so ist heute unser spontaner Gedanke: Es ist sicher nur eine kleine Zahl. Doch nicht die Zahl entscheidet, sondern dass es diese Möglichkeit gibt. Die große Frage ist, wie das mit der Barmherzigkeit Gottes zusammengeht.

Nie hat die Kirche sozusagen mit »dogmatischer Gewissheit« verkündet, jemand bestimmter sei in der Hölle. Auch von Judas wird das nicht ausdrücklich gelehrt. Auf der anderen Seite hat die Kirche über viele mit Bestimmtheit gesagt, sie sind im Himmel, und die Heiligsprechung beansprucht einen hoher Grad an Verbindlichkeit.

Nicht richten, sondern retten

Es ist eine Gewissheit unseres Glaubens, dass Gott seinen Sohn nicht in die Welt gesandt hat, um sie zu richten, sondern um sie zu retten (Joh 3,17). Wenn das die Mitte der Sendung Jesu ist, dann ist es nicht verwunderlich, dass die Heiligen in der Liebe Christi ganz Ähnliches wollten: retten, nicht richten. In seinem *Kleinen Diskurs über die Hölle* zitiert Hans Urs von Balthasar einen Text der heiligen Katharina von Siena († 1380). Er sagte damals zu mir, als ich ihm diesen Text zusandte: »Diese heiligen Frauen, die an Augustinus vorbei evangelisch gebetet haben ...« Katharina sagte zu ihrem Beichtvater, dem seligen Raimund von Capua († 1399): »Wäre ich ganz vom Feuer der göttlichen Liebe entbrannt, bäte ich dann nicht mit brennendem Herzen meinen Schöpfer, den wahrhaft Barmherzigen, all meinen Brüdern Barmherzigkeit zu erweisen?« Dieser berichtet, dass sie dann mit leiser Stimme zu Christus sprach: »Wie könnte ich denn, Herr, mich damit abfinden, dass ein Einziger von denen, die Du wie mich nach Deinem Bild und Gleichnis geschaffen hast, verlorenginge und Deinen Händen entglitte? Nein, auf gar keinen Fall will ich einen einzigen meiner Brüder zugrundegehen sehen, einen einzigen derer, die mir durch eine gleiche Geburt zur Natur und zur Gnade geeint sind. Ich will« – typisch Katharina, so hat sie mit Gott geredet –, »dass sie alle dem alten Feind entrissen seien, dass Du sie alle zur Ehre und zur größeren Verherrlichung Deines Namens gewinnst.« Und sie hörte als Antwort vom Herrn: »Die Liebe kann sich in der Hölle nicht halten, sie würde die Hölle völlig vernichten; leichter höbe man sie auf, als dass man die Liebe in der Hölle hausen ließe.« Sie sagt wieder: »Wenn nur Deine Wahrheit und Deine Gerechtigkeit sich offenbarten, so begehrte ich, dass es keine Hölle mehr gäbe oder zumindest keine Seele dorthin geriete. Könnte ich Dir in Liebe vereint bleiben und mich dabei vor den Eingang der Hölle aufstellen und sie derart verschließen, dass niemand mehr darin eintreten könnte, so wäre das die höchste meiner Freuden, denn so würden alle, die ich liebe, gerettet.«[38]

Eine andere heilige Frau, Theresia Benedicta a Cruce, die heilige Edith Stein († 1942), dringt in den 1930er Jahren ganz tief in das Geheimnis der Frage ein, wie Gott mit dem widerständigen Willen umgeht, wenn die menschliche Freiheit Gottes Gnade und Barmherzigkeit widersteht. Gott kann sie nicht zwingen und nicht brechen. Edith Stein sagt, Gott kann die menschliche Freiheit überlisten. Es gibt eine letzte Möglichkeit Gottes, ohne die menschliche Freiheit zu vergewaltigen ihr von innen her das Tor der Gnade und der Barmherzigkeit zu öffnen.

»Wir suchten zu verstehen, welchen Anteil die Freiheit am Werk der Erlösung hat. Dazu reicht es nicht aus, wenn man die Freiheit allein ins Auge fasst. Man muss ebenso prüfen, was die Gnade vermag, und ob es auch für sie eine absolute Grenze gibt. Das sahen wir schon: die Gnade muss zum Menschen kommen. Von sich aus kann sie bestenfalls bis ans Tor kommen, aber niemals sich den Eintritt erzwingen. Und weiter: sie kann zu ihm kommen, ohne dass er sie sucht, ohne dass er sie will. Die Frage ist, ob sie ihr Werk ohne seine Mitwirkung vollenden kann. Es schien uns, dass diese Frage verneint werden muss. Das ist ein schwerwiegendes Wort. Denn offenbar liegt darin, dass Gottes Freiheit, die wir Allmacht nennen, an der menschlichen Freiheit eine Grenze findet. Die Gnade ist der Geist Gottes, der sich zur Seele des Menschen herabsenkt. Sie kann darin keine Stätte finden, wenn sie nicht frei darin aufgenommen wird. Das ist eine harte Wahrheit. Sie besagt – außer der erwähnten Schranke der göttlichen Allmacht – die prinzipielle Möglichkeit eines Sichausschließens von der Erlösung und dem Reich der Gnade. Sie besagt *nicht* eine Grenze der göttlichen Barmherzigkeit. Denn wenn wir uns auch nicht dem Faktum verschließen können, dass für Unzählige der zeitliche Tod kommt, ohne dass sie der Ewigkeit einmal ins Auge gesehen haben und das Heil für sie zum Problem geworden ist; dass weiterhin viele sich zeitlebens um das Heil bemühen, ohne der Gnade teilhaftig zu werden – so wissen wir doch nicht, ob nicht für alle diese an einem jenseitigen Ort die entscheidende Stunde kommt, und der Glaube kann uns sagen, dass es so ist. [...]

Je mehr Boden die Gnade dem, was vor ihr die Seele erfüllte, abgewinnt, desto mehr entzieht sie den gegen sie gerichteten Akten. Und für dieses Verdrängen gibt es keine prinzipiellen Grenzen. Wenn alle dem Geist des Lichts entgegenstehenden Impulse aus der Seele verdrängt sind, dann ist eine freie Entscheidung gegen ihn unendlich unwahrscheinlich geworden. Dann rechtfertigt der Glaube an die Schrankenlosigkeit der göttlichen Liebe und Gnade auch die *Hoffnung auf eine Universalität der Erlösung,* obgleich durch die prinzipiell offenbleibende Möglichkeit des Widerstands gegen die Gnade auch die Möglichkeit einer ewigen Verdammnis bestehen bleibt. So betrachtet heben sich auch die früher bezeichneten Schranken der göttlichen Allmacht wieder auf. Sie bestehen nur, solange man allein göttliche und menschliche Freiheit einander gegenüberstellt und die Sphäre außer Acht lässt, die das Fundament der menschlichen Freiheit bildet. Die menschliche Freiheit kann von der göttlichen nicht gebrochen und nicht ausgeschaltet, wohl aber gleichsam überlistet werden. Das Herabsteigen der Gnade zur menschlichen Seele ist freie Tat der göttlichen Liebe. Und für ihre Ausbreitung gibt es *keine Grenzen.* Welche Wege sie für ihre Wirksamkeit wählt, warum sie um die eine Seele wirbt und die andere um sich werben lässt, ob und wie und wann sie auch da tätig ist, wo unsere Augen keine Wirkungen bemerken, das alles sind Fragen, die sich der rationalen Durchdringung entziehen. Es gibt für uns nur eine Erkenntnis der prinzipiellen Möglichkeiten und auf Grund der prinzipiellen Möglichkeiten ein Verständnis der Fakten, die uns zugänglich sind.«[39]

Der absolute Primat der Barmherzigkeit bedeutet nicht eine Art Verharmlosung des Bösen oder der Gerechtigkeit. Wie wir früher schon gesehen haben, haben die Gerechtigkeit und noch mehr die Barmherzigkeit ihren Preis. Die Barmherzigkeit hat Jesus das Leben gekostet. Sie zu erbitten, kostete sein Herzblut. Noch eine andere Frau, Schwester Faustyna, sieht ihre Berufung darin, die Menschen, die sich der göttlichen Barmherzigkeit verschließen, gewissermaßen für die Barmherzigkeit zu öffnen, sie zu Jesus zu bringen. Die Seelen, die sich ganz der Barmherzigkeit Gottes öffnen, sind die wahren Mitarbeiter Jesu. Jesus sagt zu ihr: »Ich finde keine vollkommene Hingabe an meine Liebe. So viele Vorbehalte, so viel Misstrauen, so viel Vorsicht gegen meine Liebe. Zu deinem Trost will ich dir sagen, dass in der Welt Seelen leben, die Mich aufrichtig lieben ... Die Liebe dieser Seelen und ihr Opfer stützt den Fortbestand der Welt« (Tagebuch 367).

Wie alle Heiligen ist auch Schwester Faustyna überzeugt davon, dass das Gebet und die Hingabe, die Fürbitte und das Opfer Kräfte sind, die alles übersteigen, was Menschen sonst bewirken können. Das Geheimnis der Barmherzigkeit war immer ein Geheimnis der Hingabe, der Sühne, des Opfers, der Liebe. Ohne Umkehr keine Rettung. Ohne Bekehrung keine Erlösung. Aber die Gnade der Umkehr wird von Gott nicht willkürlich zugeteilt. Sie wird erbeten, erlitten, sie wird auf die Fürbitte und die liebende Hingabe der Beter hin von Gott geschenkt. Gott wartet gewissermaßen nur darauf, dass seine Barmherzigkeit »abgeholt« wird.

Jesus, zeige deine Barmherzigkeit

Ich schließe unseren Weg durch das Geheimnis der göttlichen Barmherzigkeit mit einem Gebet der heiligen Thérèse von Lisieux († 1897):

Jesus,
könnte ich doch allen Menschen sagen,
wie unaussprechlich groß
deine barmherzige Liebe ist.
Würdest du eine schwächere,
eine kleinere Seele finden als mich
– was mir zwar unmöglich scheint –,
so hättest du dein Wohlgefallen daran,
sie mit noch größeren Gnaden zu überhäufen,
wenn sie sich nur mit vollem Vertrauen
deiner unendlichen Barmherzigkeit überließe.
Aber warum soll ich danach verlangen,
die Geheimnisse deiner Liebe mitzuteilen,
Jesus, hast nicht du allein sie mich gelehrt?
Kannst du sie nicht
auch den anderen offenbaren?
Ja, ich weiß, du kannst es,
und ich beschwöre dich, es zu tun.«[40]

Anmerkungen

[1] Aus: Tagebuch der Schwester Maria Faustyna Kowalska, Hauteville 1990, Nr. 163.

[2] Vgl. Jean-Michel Poffet, La patience de Dieu. Essais sur la miséricorde, Paris 1992, S. 37.

[3] Johannes Paul II., Dives in misericordia 4, Anm.52.

[4] Friedrich Nietzsche, Schlechta-Ausgabe Bd. 4, 1980, S. 1165–1166.

[5] François Dreyfus, Jésus savait-il qu'il était Dieu?, Paris 1984, S. 63, Anmerkung 16; Zitat in meiner Christologie: Christoph Schönborn, Gott sandte seinen Sohn, Paderborn 2002, S. 62).

[6] Vgl. Norbert Baumert, Frau und Mann bei Paulus. Überwindung eines Missverständnisses, Würzburg 1991, S. 13–28.

[7] Baumert, op. cit., S. 15–16.

[8] Baumert, op. cit., S. 17–18.

[9] Baumert, op. cit., S. 18.

[10] Vgl. Baumert, op. cit., S. 18–19.

[11] Norbert Baumert, private Aufzeichnungen.

[12] Vgl. Johannes Schneider, Lasst euch versöhnen! Aussprachen über die Beichte, Freiburg i. Br. 1990, S. 7.

[13] Vgl. Kathechismus der Katholischen Kirche Nr. 67 und K. Rahner in: LThK^2 Bd. VIII, Sp. 772–773.

[14] Hans Buob, Die Barmherzigkeit Gottes und der Menschen. Heilmittel für Seele und Leib. Nach dem Tagebuch der Schwester Faustyna, Hochaltingen 2007, S. 7.

[15] Zitiert nach Reinhard Kittl, Der Beichtzettel im Wandel der Zeit, Reith. i. A. 1999, S. 11.

[16] Gregor I., Pastoralregel II,5.

[17] Daniil Granin, Die verlorene Barmherzigkeit. Eine russische Erfahrung, Freiburg i. Br. 1993, S. 121.

[18] Paul-Michael Zulehner, Gott ist größer als unser Herz. Eine Pastoral des Erbarmens, Ostfildern 2006.
[19] Benedikt XVI., Deus Caritas est 28b.
[20] Ps.-Chrysostomus, Opus imperf. In Matth. 54, PG 56,946; zitiert nach Paul-Michael Zulehner, op. cit., S. 74.
[21] Gotteslob Nr. 31,3.
[22] Vgl. Hans Förster, Zur ältesten Überlieferung der marianischen Antiphon »Sub tuum praesidium«. In: biblos. Beiträge zu Buch, Bibliothek und Schrift, Bd. 44,2, Wien 1995, S. 183–192.
[23] Johannes Paul II., Homilie am 19. August 2002.
[24] Bernhard von Clairvaux, Werke Bd. VIII, S. 629.
[25] Marie-Eugène de l'Enfant-Jésus, La Joie de la Miséricorde, hrsg. v. Yvette Périco, Ed. Nouvelle Cité, Bruyères-le-Chatel 2008, S. 106.
[26] Gerhard Lohfink / Ludwig Weimer, Maria – nicht ohne Israel. Eine neue Sicht der Lehre von der Unbefleckten Empfängnis, Freiburg i. Br. 2008, S. 385.
[27] Ida Friedericke Görres, Das unverdorbene Konzept. Vier Betrachtungen, Meitingen 1968.
[28] Heinrich Spaemann, Drei Marien. Die Gestalt des Glaubens, Freiburg 1985, S. 15.
[29] Catechismus Romanus 1,5,11; KKK 598.
[30] Franz von Assisi, Admon. 5,3.
[31] Johannes Stöhr, Art. Barmherzigkeit; in: Marienlexikon Bd. 1, S. 369.
[32] C. S. Lewis, Die Weisheit meines Meisters. Anthologie aus George MacDonald, Einsiedeln 1986, S. 17.
[33] Augustinus, De natura et gratia 5, zitiert nach Hans Urs von Balthasar, Kleiner Diskurs über die Hölle, Einsiedeln [3]1999, S. 40.
[34] Benedikt XVI., Spe salvi 41.
[35] Benedikt XVI., Spe salvi 42.
[36] Benedikt XVI., Spe salvi 44.
[37] Benedikt XVI., Spe salvi 47.

38 Zitiert nach Hans Urs von Balthasar, Kleiner Diskurs über die Hölle, Einsiedeln ^{3}1999, S. 62–623.

39 Edith Stein, Welt und Person, Freiburg 1962, 158 ff.; zitiert nach Hans Urs von Balthasar, op. cit., S. 66–70.

40 Thérèse von Lisieux, Selbstbiographische Schriften Autentischer Text, Einsiedeln ^{11}1988. S. 207–208 (Ms B).

Bibelstellenregister

Personenregister

Christoph Kardinal Schönborn im Verlag Herder

Wovon wir leben können

Das Geheimnis der Eucharistie

Herausgegeben von Hubert Philipp Weber
162 Seiten · Gebunden
ISBN 978-3-451-28602-5

Ein Kompendium für alle, die sich über das katholische Verständnis der Eucharistie informieren und ihren Glauben vertiefen wollen. In verständlicher Sprache erschließt der Wiener Erzbischof die wesentlichen Aspekte der Eucharistie.

Mit »Wovon wir leben können« legt Christoph Kardinal Schönborn »ein Buch vor, das aufhorchen lässt, Durch alle Zeilen spricht neben hoher Sachkompetenz seine verbindliche, menschlich angenehme Art, die er im Umgang mit Gegensätzen, mit Andersdenkenden und mit schwierigen Situationen in seinem Bistum eindeutig bewiesen hat. Noch ein Buch zum Thema ›Eucharistie‹?, möchte man fragen. Bei näherem Hinsehen erkennt man sofort die Gründlichkeit und Tiefe, mit welcher der Autor die Thematik angeht. Es ist nicht irgendein frommes Buch, sondern eine pastorale Zusammenfassung und Auslegung dessen, was die Kirche der Gegenwart zur Eucharistie sagen kann. Buchstäblich kein Thema wird ausgelassen: angefangen von den jüdischen Wurzeln, den alttestamentlichen Vorbildern, über die strittigen Punkte der Reformation, bis hin zu den brisanten Fragen des erlaubten Kommunionempfangs heute. Freilich werden auch die wesentlichen konfessionell divergierenden Themen beim Namen genannt und so einer ehrlichen, wissenschaftlich fundierten Ökumene der Boden bereitet.«

Wolfgang Kesenheimer

Ziel oder Zufall?

Schöpfung und Evolution aus der Sicht eines vernünftigen Glaubens

Herausgegeben von Hubert Philipp Weber
192 Seiten · Gebunden mit Schutzumschlag und Leseband
ISBN 978-3-451-29389-4

Hat die Evolution Sinn und Ziel? In »Ziel oder Zufall« erläutert der Wiener Erzbischof den wesentlichen Unterschied des katholischen Schöpfungsglaubens zu fundamentalistischen Missverständnissen der biblischen Erzählungen. Zugleich wendet er sich aber gegen die Tendenz, die Evolutionstheorie Darwins zu einer Weltanschauung des »Evolutionismus« zu überhöhen, die dem Glauben an eine sinnvolle Schöpfung sein Daseinsrecht bestreitet.

»›Der Schöpfungsglaube stand Pate an der Wiege der modernen Wissenschaft‹, sagt Schönborn. Er betont, wie der Monotheismus die Natur entzauberte, in der man früher hinter jeder Quelle und jedem Baum ein Götterwesen vermutete. Als Bindeglied von Religion und Wissenschaft sieht er die Vernunft an. Glasklar grenzt sich der Kardinal aus dem Dominikanerorden von einem wörtlichen Verständnis des biblischen Schöpfungsberichtes (Kreationismus) ab. Schönborn distanziert sich von jedem religiösen Fanatismus, kritisiert aber zugleich Anmaßungen der Wissenschaft. Während der Naturforscher Laplace Napoleon auf die Frage nach Gott erwidert haben soll, ›diese Hypothese‹ brauche er nicht, gingen seither Wissenschafter, die auf Charles Darwins Evolutionstheorie aufbauen, so weit, zu behaupten, dass die Existenz Gottes wissenschaftlich widerlegbar sei. Genau das ist der Punkt, wo Schönborn Einspruch erhebt.«

Heiner Boberski

HERDER